5G 时代的智慧道路交通

荒　岛　等著

同济大学 出版社
TONGJI UNIVERSITY PRESS

前　言

本书内容主要由江苏科创车联网产业研究院院长刘干撰写，公安部交通管理科学研究所研究员刘东波、东南大学教授王昊参与撰写了部分内容。同时，本书第 9 章在全大伟先生的指导下完成，第 7 章收录了 2019 首届智能网联路侧设施产业生态大会期间何勇、曹剑东、盛刚、王星、朱西产等专家分享的部分内容。在此一并感谢。

作者本人在日常工作中大量涉及道路交通工程的科研研究、规划设计、项目实施，这些都是本书素材积累与理论创新的基础。全书内容以平铺直叙的方式推演交通问题的症结与解决方法，避免了工程学科复杂、烦琐的公式，能够让读者一看就懂、就会。全书最具价值之处在于，牢牢地抓住了道路交通事故治理这个牛鼻子，并引出道路交通拥堵与排放治理的解决思路，可操作性强。

尽管本书名为《5G 时代的智慧道路交通》，但是读者通读全书后会发现，通信技术仅仅是科技发展的象征，基于交通工程学之上的多学科、新技术的融合应用才是实质。

鉴于作者能力所限，在观点和方法上难免会产生争议，敬请读者朋友们能够交流分享。

科学性的事物，

其本身就是智慧。

智能与否，

并没有多么重要。

序

——视界空间

这本书是妙手偶得之，我起笔于2019年3月26日22时08分成都前往深圳的ZH9408航班上，现在已经不记得当时是在什么样的心境下打开了电脑，在键盘上一个字一个字地敲下。正是由于这本书导致了我正在撰写的一部长篇小说戛然而止，只能来日方长。

2019年9月25日，完成初稿，我兴奋地分享在朋友圈。之后，我到了深圳。一是出席湾区城市交通大会，在道路交通安全技术创新论坛做一个主题演讲；二是去胡润先生创办的21世纪百富学院，与商界大佬们一同进行了5天的课程学习。

大巴车行驶在深南大道上，我的眼睛向着车窗外巡视。只见人行道上，一个骑电动车的男人，足足挂了8个煤气罐，其中1个夹在两腿中间的踏板上，太阳不偏不斜地穿过树荫，照在那谋生的男人身上。瞬间，我下意识地拿起手机摄像，连同深圳街头的美好一并发到微信的朋友圈，画面中包括了五洲宾馆大门前方铺贴在大厦立面巨大的庆祝国庆70周年的五星红旗。生存，交通，就这样存在于视界中。

我们的视界空间总是局限的。

普通人的视界在一维和二维，只能看到土地上种植作物用于生存，作物的种子用于喂养和通过交易可以改善生活。而智者的视界在二维和三维，他会看到土地该如何种植，种子该如何喂养和交易，其中衍生了方法，提供了服务。于是在生存与生活之间，一个阶层和另一个阶层的世界就不一样了。

有没有四维或更加科幻的视界空间？斯蒂芬·威廉·霍金（Stephen William Hawking）其实给出了最好的答案。常人所不能看到的，就觉得不会有。能够看到的，就是真实的存在。慧者，如斯。

专家思维一旦局限，导致不创新那就是最可怕的。

通常，一个人在某一领域通过理论学习、应用实验、经验积累，从而获得独到的成就，之后成为专家。然而，专家也会因为自足、自信于过去的研究成果，审慎甚至保守地对待新事物的挑战。关于交流电和直流电，爱迪生与特斯拉就展开过一段人类史上保守的发现者与创新的挑战者之间的较量。

不仅仅是专家的思维与认知局限，再大的“家”也不可能什么都懂。因此，思考与创新，尊重创新者与普通人的体验，触类旁通、开物成务，尤其重要。

任何一个领域，过度依赖专家会成为行业顽疾、产业灾难。我们所在的交通“界”，积重难返成灾，道路交通事故、拥堵成了“传染病”。

很多千奇百怪的道路交通工程现象都是专家思维的结果。他们脱离普通人的需求和体验，拍脑袋完成他想要的且仅是他认为的题目和作品，然而实际环境中的道路使用者的体验感却很一般甚至很糟糕。

不断进步的科技是滚滚潮流，保守者横亘的高墙注定会被淹没瓦解。

思考智慧道路交通，用“5G时代”，既是跟随科技潮流，亦是创新所在。假使5G能够颠覆一个旧时代、引领一个新时代，那真的是再好不过了。以5G的名义，倘若能够发动一场道路交通的革新，让一度以来只停留在摄像头与红绿灯上的智能交通相形见绌，而跨入一个智慧的道路交通时代，行路人的幸福感或许也就近在咫尺了。

当然，也不要期望5G技术、自动驾驶等新科技能立竿见影、包治百病，这需要一个过程，通信技术也是需要5G和4G在较长的一段时间内并存的。通过智能终端传输数据，互联网平台进行在线运算，我们称它为智能网联。

利用智能网联技术首先可以给人工驾驶提供安全的出行环境和科学的路径规划（智慧的路），然后为聪明的车提供匹配的系统，最终实现共享出行的愿景和真正的无人驾驶。应当说，一切都才刚刚起步。

参加第十一届中国国际道路交通安全产品博览会，中元节的夜里，大脑里萦绕着道路交通事故死伤的悲凉与博览会上美轮美奂的展示，诗兴大发，于是赋诗一首浅谈一下行业现状。

交博会·中元

交博会展云雾缭，满脑数据小大超；
道路安全长技薄，假冒伪劣也逍遥。
风花雪月容颜表，宽屏窄幕掀浪潮；
市井边城夜黑高，行色匆匆初心老。

创新光芒闪耀耀，点沙成金语飘飘；
弱势路人掏腰包，不识慧能多圈套。
工程基础待筑牢，数字底层少不了；
七月十五艳阳照，野火点缀奈何桥。

神眼金睛万里瞧，千灯红透尽风骚；
百来米外余几秒，加油冲刺赛短跑。
相丞情系庶民宝，遍地黄沙狗尾草；
少年师教一屋扫，而今迈步途迢迢。

我是误打误撞入了道路交通“界”的，因为十分清楚我的能力终究是有限的，所以为了融入这个学霸、专家集中的“界”，我丝毫不敢懈怠，加倍努力，学习再学习，思考再思考，把思考的东西汇聚于笔头，抒发于文章。

我爱讲道理、求真理，在出版了《主动发光交通标志研究与应用》一书之后，每每遇见“专家”发出挑剔的质询（注：面板显示主动发光交通标志技术带给了道路使用者极好的出行体验，出行者的赞誉与肯定是对我们的最大肯定，但也时常会有传统逆反射交通标志技术的研究者提出异议），我会与其争论个高下。实验数据与应用体验支撑了技术创新成果，在此前提下，我不能接受任何一个没有经过实验与亲身体验的“专家”对我发出的毫无根据的质疑与反驳，更不能接受凭空臆想者胡乱找的理由去否定经过验证的结论。科学技术没有发展的终极，道路交通发展对交通标志的功能性需求决定了它升级换代的必然性。

道路交通很专业，不是什么人都能介入这个领域的；道路交通也很边缘，任何人都可以在息息相关之间评论是非。

本书面向5G这种新一代通信技术条件下的智慧道路交通建设，对道路交通事故、道路交通拥堵和道路交通环境污染与车联网产业之间的关系，进行了系统性的见解梳理，也有着碎片化的思维拼凑。我期望它成为智慧道路交通建设的一块基石，能做出一点点贡献就好。

目　录

第 1 章 使用新的科技工具

华为技术有限公司突破性地将第 5 代移动通信技术（5th-Generation，简称 5G 或 5G 技术）在全世界范围内领先发布应用。这宣告着人类社会迎来了 5G 时代。

自 GSM 网络诞生的那一刻起，人们的生活方式就在发着日新月异的改变，传说中的“千里眼”“顺风耳”都成了现实。

在互联网生态里，微信、云计算、5G、AI 等新生事物不断地刷新着人们的认知，生活的边界一而再、再而三地被拓展、再拓展。即便是孙悟空的筋斗云，也敌不过如今网络通信的实时性。于是，建立在互联网上的万物连接、大数据、云计算、电子地图等层层渗透到社会产业的各个领域，交通出行自然也不例外。对于似乎才刚刚起步的智能交通而言，可能就要面临着生命周期的结束，智慧交通如火如荼地演变着。

在这里，我用自己的思考给智能交通与智慧交通做一个区分：

智能交通是应用了信号灯局域联网控制、视频联网监控等技术，基于管理层面的思维和需求，构建全场景识别的管理平台，以便辅助管理者制定控制调度决策。但智能交通的信息和决策等都是滞后的。它只是解放了管理者的脚和眼睛。

智慧交通是要在移动通信基础上，构建车与路、车与环境的万物互联网，基于服务出行需求层面，供给一个全场景、可联系、可协同的运行平台，一切在线状态都对应着实时数据。智慧交通是所有交通参与者的大脑和手，学习、运算、决策、调度同步进行。

智能交通使得交通管理的能力获得了提升，智慧交通则能够使得交通出行的效率获得最优。智能交通是信息化产生，智慧交通是数字化生产力。

如果不具备运用空间逻辑思维去构建智慧交通场景的能力，智慧交通的顶层设计就无法完成，其基础性建设也会落空，由此导致的社会财富和资源的消耗浪费将是惊人的。

交通是什么？

之于航空，是单一方式的飞机运载。

之于铁路，是单一方式的列车运载。

之于海运，是单一方式的船舶运载。

之于道路，是多种人、多种车、多种路交织在一起的开放且复杂的出行和运载。

本书所研究的是如何让道路交通变得“智慧”以及车联网。

倘若我们能够通过卫星通信技术将人、车、路的信息定位在互联网上“在线运行”，且电子信息传输间“封闭运行”，那么道路交通也会如同航空、铁路、海运那样，变得简单。注意，这里我提到了“在线运行”和“封闭运行”，在后续章节中我将着重去解释如何实现。

5G包含了两种通信功能：一种是可以双向通信的宽带；另一种是仅仅单向通信的窄带。宽带和窄带都是道路交通领域的基础设施。如同电网、路网、光缆一样，互联网是现代社会生活的基础设施，人们早已形成共识。

智慧道路交通会是一个怎样的场景？对此我们可以展开想象。

首先，它应该尊重生命。对于快速行驶的机动车来说，应当能够主动发现行人和行走的动物，并且避让那些慢速行进中的生命体。行进中的车辆能够感知到周边环境的状态，以及车辆对环境物体可能构成的威胁，还有环境物体对车辆可能构成的威胁，并通过调整行进方向和行驶速度实现主动避让。

其次，它应该是一个有机体。动物通过眼睛、耳朵等身体器官感知外界信息，再由大脑指挥手和脚的行动，但它们无法使用工具，也不会自我控制。与动物相比，人是有着高级智慧的生命体，人类的大脑具备语言学习和行动思考能力，能够利用手脚制造和使用工具，还能自我调节情绪、控制言行。智慧道路交通是一个系统，一个有机的如人的生命一般的机体，既能采集和感知道路交通环境信息，又能通过学习和规律运算来形成决策与调度指令。

最后，它必须是一个“在线”的运行状态。人、车、路、气象、路侧设施都要在互联网上进行连接，并且相互之间形成通信联系。如果没有这个“在线”的运行，一个人突然撞向快速行驶中的车辆怎么办？如果一棵树被大风刮倒在路上怎么办？如果山体突然滑坡怎么办？“在线”的环境状态就可以解决这些问题，各要素都在线了，信息就可以在各要素间无时无刻地交换，突发事件引起的矛盾也会消解为各方之间的相安和谐。

智慧道路交通没有那么容易建成，但也没有那么难以实现。可以使用新的科技工具，筑牢底层基础，健全机体的各个功能，逐步让它成长。

道路交通的智慧化相较于传统意义上的智能化（ITS 系统）是颠覆性的，根本不是智能交通时代的指挥中心（平台）所能承载的。建成的路径、实现的功能，都需要用全新的空间与逻辑思维去做好框架设计，也可以叫作顶层设计，但是一定是全盘性的闭环设计。

目前，我国的道路交通呈现出高速发展的态势，但道路交通工程由于基础相当薄弱，且缺少科学合理的道路交通场景而广遭诟病。在国际化的大形势下，大量新的科技信息技术被引进并采用。然而，目前智能交通建设处于十分混乱的状态。那些层出不穷打着所谓智能交通旗号的项目，其中有很多并不能给道路使用者带来良好的出行体验。

一个新兴产业是否已经做实、落地，关键在于产业中的企业是否是研究与经营并驾齐驱的。而较长一段时间的情况是，企业只将精力投入在各种道路交通安全设施工程、智能交通工程中，却鲜有企业认认真真去做研究。它们更多的是围绕着项目的经营去做实施，把多种智能单品组织到一起，以应对工程交付验收。

其实，无论如何智能、智慧，应该都不能、也无法绕过道路交通工程学的基础，反而更需要道路交通工程的全产业链，即研究、规划、设计、建设、制造、管养等各个环节，将道路交通工程学的理念与技术真正落地。而在我国，现阶段的实际情况却是各个环节之间严重脱节，比如车辆已经非常智能了，但道路上的交通标志、标线、红绿灯还是不规则、不合理、不科学的。

一个行业的发展与进步，必须要有坚实的产业基础去支撑，更要有具备应用研究实力的企业去引领，这些企业是道路交通管理技术与工作最终的落地者。一旦企业做研究，企业有使命，产业就有了希望，也就一定会健康、高效地发展。

产业界传统的竞争，其核心竞争力是考验一个企业的关系和价格能力。

产业界未来的竞争，其核心竞争力是考验一个企业的创新和技术能力。

未来企业的核心竞争力，通常并不是单个企业就能够去实现的，而是要聚合多个产业的前沿技术，把资源集中到一个平台上来，从而形成一个或多个合力下的拳头技术成果。

5G时代的智慧道路交通就是一个多领域合作，把多领域的高科技工具集成起来，同时结合道路交通工程学的原理，制造出更多新的终端产品，并“在线”应用于道路交通，最终使得人、车、路、环境之间形成互动，法规、教育、工程、环境、能源、经济也随之稳步发展。

如果用一句话来描述智慧道路交通，我想它应该是：人与车之间的安全运行，车与路网、环境之间的协同运行，服务于出行。

当然，智慧道路交通还可以包含很多内容，就像之前如火如荼的智能交通建设，恨不得在道路上布满视频，形成密集的“千里眼”，看透每一辆车、每一个行人；又恨不能把每一个交叉口都装上红绿灯，寄希望于它能够管好车与人。遗憾的是，事故与拥堵仍然肆虐着每一条道路，结果与初衷背道而驰。

道路交通总是会从建设时期走向管理时代的，管理思维与建设思维是完全不同的两个境界。我在从事企业经营管理的过程中，时常会在一些重大项目上进行管理创新，例如把售后服务部门的负责人前置到项目负责人的位置上，这么做是为什么呢？因为售后部门遭遇的困难与烦恼，大多是项目实施过程中设计、生产、协调等问题导致的后患，售后部门最怕接到客户投诉，企业的售后部门越是清闲，预期效益就会越有保障。让售后部门的负责人前置去统筹、管控，掌握技术与品质的话语权，他总会做得令人满意。同理，我们今天面临的道路交通问题，公安交警等道路交通管理部门烦恼的问题，不正是如此吗？其实也可以有类似更好的解决手段。

本书的着重点在于思考如何使用现代化的科技工具和措施来提高道路交通的运行安全和效率。

第2章
全环境要素的身份信息数字化构建

管理的基础是对底层信息的全盘掌握。我们很难想象，一个组织的管理，如果连最基本的组织架构、最基础的组织人员信息都没能搭建与掌握，如何实现管理的目标。道路交通就是一个庞大的组织体系，它包括了人、车、路、环境。其中，人有不同出行群体，车有不同种类，路有不同等级，环境有不同条件，又自成一个个独立的子体系。

尽管说，智能交通是服务于管理，智慧交通是服务于出行。但是，管理与服务之间是相互作用的关系，服务于出行的前提是管理好交通，管理好交通的目标是服务于出行。

智慧道路交通是面向管理与出行的顶层设计，其底层信息的基础就是人、车、路、环境，也可以称为“道路交通全环境要素”。

我们现在每个人都有身份证，从一出生开始就拥有一个18位数字编号的身份信息，这是每个人姓名之外的数字化标识，这个数字化标识绝对没有重复，每个人在数字化标识的空间里都是唯一的。

除了身份证之外，几乎每个人都在使用手机，每部手机的SIM（Subscriber Identity Module）卡有一个串号，在SIM卡与身份证实名制捆绑之后，每一个使用道路的人就可以被移动通信网络定位。只要你随身带着手机，无论你走到哪里，通过移动通信网络就可以获取你的身份信息，知道你是谁，再通过你的数字化标识可以了解到你的全部情况。

于是，社会保障、出入境、治安管理、信用体系等信息的获悉都变得相对容易了，如果没有身份证，就会发生错误，漏洞百出。另外，当前已经较为成熟的指纹识别、人脸识别、人工智能等也都必须建立在身份证的信息基础之上。很难想象，如果没有把身份证数字化，当下的社会将会是什么样子，那些先进的技术又该如何去开发。

据统计，2019 年上半年，全国机动车保有量达 3.4 亿辆，且每辆机动车都至少有三个识别号，即车架编号、发动机编号、牌照编号。三个识别号对应起来构成了一辆机动车的完整身份信息。车辆牌照悬挂于车身最显眼处，并且前后各一个，通过它就能获取车辆的所有身份信息。近年来技术已经成熟的汽车电子标识，实质上是一种具有移动通信功能的电子身份信息，也是与车辆牌照编号对应关联的。目前，汽车电子标识的应用还存在着法律障碍，因而并没有得到全面普及。在互联网汽车时代，每辆车在出生之时就会有一个代表电子身份信息的串号，可以与车辆牌照相对应，之后法律监管的障碍也就自动消除了。

之前关于自行车、电动车等各类非机动车是否需要进行牌照登记的问题，社会上讨论了再讨论。如果从管理的角度，其实这个问题根本没有必要去讨论，显然进行身份信息登记是必须的，这样才能给每辆非机动车一个唯一的数字身份。

如果没有代表车辆身份信息的数字牌照，车辆管理技术就无法快速发展，面对 3.4 亿辆机动车这一庞大群体，秩序就会非常混乱，管理也会非常困难。同样，视频识别、自动通行收费（ETC）也就不可能实现。

显而易见，一旦人和车都有了数字化的身份信息，管好人、管好车都不再是问题，很多痛点将会迎刃而解。

摸清基础数据非常重要，不仅仅对于管理来说，对应的还有相应资源的配置，如不断增长的车辆需要道路资源的不断供给，还需要相匹配的停车场地。就好比每个家庭在进行住房装修之前，设计师需要和业主进行充分的沟通，这个沟通包括了解业主家庭的成员情况、计划的家居用品配置情况等，设计师还会详细测量住房的平面空间、立体空间，然后根据这些基础数据进行相应设计。

若没有详尽的基础数据支撑，设计与管理必定是空洞的。

显然，人、车、路、环境，只有人与车的基础数据是不够的，路和环境也需要基础数据的支撑。

电子地图的开发使得道路有了一个显而易见的底层数据。把电子地图放到互联网上，运用手机地图 App 输入出发地和目的地从而获取路线信息，电子导航就可以引导驾驶人将车辆顺利驶向目的地。

那么电子导航是万能的吗？至少当下的情况不是。“导航绕”“导航堵”等现象成了新的诟病。让我们来看一则“导航堵”事例，网络上曾公开报道的一篇新闻《“导航堵”：2018 春运拥堵新形态》。

在 2018 年春运的第八天，G50 沪渝高速（安徽省宣广段）在“百度地图春运出行大数据”中，拥堵里程达 13 千米，拥堵排名居全国首位（图 2-1）。

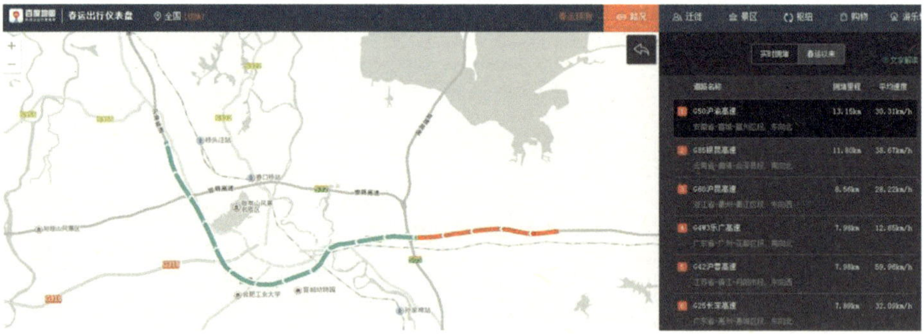

图 2-1　百度地图 2018 年春运出行仪表盘 G50 沪渝高速安徽省宣广段
（图片来源：https://m.sohu.com/a/222143122_696982?spm=smbd.content.0.0.1578667000948ytqx7pG.）

此次拥堵的源头位于安徽省宣城市 G50 沪渝高速与 S32 宣铜高速的互通枢纽匝道口处（图 2-2）。往芜湖、合肥方向的车辆中大部分选择由此匝道口离开 G50 高速前往 S32 高速，而该匝道只有一条车道，然后在 S32 高速上行驶 23 千米后，再次回到 G50 高速继续北上。事实上，直行 G50 与绕行 S32 均能到达目的地，如图 2-3 所示。

图 2-2　2018 年 2 月 8 日 G50 沪渝高速与 S32 宣铜高速的互通枢纽匝道口视频监控截图
（图片来源：https://m.sohu.com/a/222143122_696982?spm=smbd.content.0.0.1578667000948ytqx7pG.）

图 2-3　2018 年春运期间 G50 与 S32 拥堵情况
（图片来源：https://m.sohu.com/a/222143122_696982?spm=smbd.content.0.0.1578667000948ytqx7pG.）

根据宣城市公安交警指挥中心的监测数据，此次春运以来，平均每天有近 3 万辆车不按高速指路标志直行 G50 的指引，而争相绕行 S32（图 2-4），致使 G50 与 S32 互通枢纽匝道拥堵，大量的车辆排队等待，进而造成拥堵绵延十几公里。数据显示，春运以来，每天拥堵 22 个小时，直到凌晨四五点才稍微缓解，然后天未亮又开始了新一天的拥堵。

图 2-4 G50 沪渝高速“千军万马”不看指路标志，齐挤“独木桥”
（图片来源：https://m.sohu.com/a/222143122_696982?spm=smbd.content.0.0.1578667000948ytqx7pG.）

看到上面的视频监控截图，大家或许会提出疑问：为何绵延十几公里的车队不按路标指引，放着左侧空荡荡的两车道不行驶（图 2-5），偏偏都爱往“独木桥”来凑热闹？到底是什么吸引着这一波波车流前赴后继来“贪恋”这条匝道呢？

原来，现在越来越多的驾驶人出行时习惯使用高德地图、百度地图等手机导航软件，并产生了依赖性而忽略了主观判断，无论是选择最短路径方案还是最短时间方案，手机导航软件均提示：从 G50 绕道 S32 再回到 G50 是“最优行驶路线”。

由于导航路线与指路标志之间存在矛盾，所以人们驾车到达匝道口都得减速晃神思考一下，如此更加剧了道路阻塞。

图 2-5　G50 沪渝高速主线两车道“空荡荡”
（图片来源：https://m.sohu.com/a/222143122_696982?spm=smbd.content.0.0.1578667000948ytqx7pG.）

这是一篇非常有意思的报道，也是一场有些荒诞离奇且让交警同志疲惫不堪的拥堵。当时交警采取的措施还是派遣大量警力走上各个高速公路出入口进行现场指挥。《中华人民共和国道路交通安全法》第二十五条明确规定，交通信号包括交通信号灯、交通标志、交通标线和交通警察的指挥。在四种法定的交通信号中，交通警察的指挥是效力最高的，车辆驾驶人必须服从。

试问在节假日高速公路路网都不能被有效合理地利用，那么出行需求情况多变的城市道路路网又会怎么样呢？答案不得而知。这一问题，高德地图在面对 2020 年春运期间交通解决方案时表示，高德导航已经从 3 年前的“路径最短”发展到如今的“路径最优”策略，每天为过亿用户提供避开拥堵路段和主要堵点的方案。实现了路网运行能力科学预测，远程调度高效智慧化。

其实，在没有交警指挥时，交通信号灯、交通标志、交通标线就相当于交警指挥的双手，可以据此调度人、车、路。在城市道路交通中，车辆驾驶人会偶尔遇到一些情况，就是车辆在道路交叉口原本要朝着某个方向行驶的时候，会因为该方向严重拥堵或交通管制，被交警指挥着朝更加通畅的方向驶离。在美国，交通信号灯、交通标志、交通标线等信号设施被称作 Uniform Traffic Control Devices，即统一交通控制装置，其名称具有更加精准的功能性释义。

中国尽管在法律上将它们定义为交通信号，但是使用习惯上仍然更多地称它们为交通安全设施，致使很多人会把交通信号与交通信号灯（红绿灯）画等号。笔者在本书后文中将它们统称为“交通管控设施”，这是出于其面向复杂道路交通环境的功能性而定义的。

在城市道路交通中，不仅会时常出现与上述高速公路类似的“导航堵”现象，还会出现“导航绕”的情况。这主要是因为城市道路经常会有道路施工、养护作业、交通管制等多种状况。当某一路段被突然改变原有状态时，导航不能及时给出新的合理路径，或者车辆所处的位置存在多层立交、复杂空间等，导航无法准确判断就会指挥车辆绕来绕去。

电子导航必须与交通标志信息保持高度一致性，尤其是指路标志所确认的路径信息，否则驾驶员会无所适从。因此，电子导航的路径指引要依赖于所采集到的道路沿线的交通标志内容信息，以及采集到的道路沿线的各类交通管控设施的信息。连续性的指路标志实际上就是一个区域路网的路径指引系统。如果某个城市的道路路径指引系统存在错误或不合理、不科学，那么电子导航也会跟着出问题。各类道路交通管控设施亦然，都需要科学合理地去设置。

要想实现道路交通安全运行，必须科学合理地运用交通工程学原理去设置交通管控设施。

要想实现道路交通高效运行，必须将安全运行作为前提条件，还要充分利用道路路网的空间资源。

我生活工作的城市是南京，由于我有过多年参与南京市道路交通管理维护的工作经历，熟知南京的道路路网结构，因此很少有开车被堵在路上的情况，往往总有一个不堵的路径可以让我顺利到达目的地。由此可见，车辆行驶路径与路网资源的匹配有多么重要，如果能够根据实时的出行交通流需求进行道路路网资源合理优化分配，并加以引导，运行效率会倍增。

电子地图只是解决了道路路网的定位与图像数据，而那些同步附属于道路且可以调度车辆与路网的交通管控设施，只是被林林总总地设置在道路沿线，它们的身份信息并没有被数字化。即便是有些部门对道路沿线的交通管控设施进行了统计和登记，大多也只是出于资产管理的需要，根本无法应对各种需求变化。排查、统计和登记在表格里的资产，对其管理和利用也还是粗放的，其型号规格、结构组成、生产信息、使用寿命等信息仅仅被封存在一堆设计图纸中。

对于一个城市内或一条道路上的交通管控设施的运营维护，在做下一年度的费用预算时，主事者们几乎都在拍脑袋想象，究竟哪些损坏了，哪些不符合现行技术标准，哪些过了使用寿命却仍在超限服役，他们根本不清楚。于是，下级向上级、部门向财政申请预算，各方都知道所谓的预算只是一个不靠谱的估测，是数字游戏，那也就随意地批准一个数字，至于最终交通管控设施能被维护到什么程度，基层去想办法。只有出了重特大道路交通事故，才会发现设施的缺位、缺失，于是追究责任，总有人背黑锅。

不仅仅是道路沿线的交通管控设施，对于那些附属于道路的其他路侧设施，同样也没有建立它们的数字化身份信息，这是一件不可思议的事情。身份信息数字化这项工作，各个城市的路灯管理部门做得是比较好的，每条道路的每一个路灯灯杆上，都明确进行了数字编号，既便于资产的统计管理，也可以用于路人的报警位置确认，非常有意义。

我曾经去韩国的一家道路交通研究机构学习访问，韩国整个国家的道路网的路径指引系统，也就是一块块指路标志构成的指引系统，是通过数字化规则，用一张图建立在互联网上。任何一条道路或场馆的新建、改造，系统平台都会自动生成一个路径指引规则，给出具体点位所设置的指路标志的内容信息，设计院根据推送的方案再深化结构设计。之后，设计图纸会回传到系统去校验，安装后的指路标志也会将现场采集到的信息传送到系统平台。科学的路径指引是设计一个规则去遵守，而不是由不同的人去决策不同的指路标志方案。

如今，中国所有城市以及所有区域的道路网都面临着一次系统性的组织优化。这是因为，城市与交通都快速发展了三四十年，其间一条条道路、一个个枢纽不断被新建。对于新建道路与枢纽而言，开始只需要考虑某一特定路段的A点到B点。但在更多的路网接入并逐步形成更大的城市路网之后，A点、B点就会与C点、D点、E点、F点等形成更多的交互关系，于是道路交通管理部门就会在原有的指路标志上大大小小地增加一些新的信息内容，最终要么凌乱不堪，要么花样百出。

路径指引系统的组织优化是一门大学问，绝不仅仅是在一块块指路牌上设计出相交道路的内容那么简单。需要考虑交通流状态、路网负荷、交通枢纽信息分层、进出城路径等，要有非常多的调研，并结合实际统筹加以优化。我曾经主持规划建设了南京市内环快速路的路径指引系统，将十多年时间内一段段不同年代建成的快速内环线进行梳理，按照不同类型标志由左至右、由远至近的顺序排列，同一标志的信息按由下至上、由近至远的规律排列，有序、连续、显而易见，取得了显著的安全与效率双成效。后来我又推动了济南市、西安市的全市主、次干道路径指引规划设计，遗憾的是，由于缺少建设资金的支持，以及其他种种困难，最终实施效果不甚理想。

交通标志、交通标线、交通信号灯都是交通管控设施，我在此重点阐述了交通标志中的指路标志，因为交通标志对于道路交通管理来说太重要了。当然，交通标线也非常重要，但它极难发生功能性变化，是要长期以一种形式固化在路面的。交通信号灯的身份信息数字化比较容易实现，因为它天生就是带电的设备，且只出现在道路交叉口。长期以来，交通标志被制成了一块“板”，使得它的功能性无法体现。现代交通标志的功能性定义，“道路交通标志是用图形符号、颜色和文字向交通参与者传递特定信息的交通管理设施，其主要功能：体现道路交通安全法则的效力；明确交通行为规范；调节道路交通流量和提高通行能力；降低交通事故发生率，保障交通安全畅通”。显然，随着人口、车辆、道路与经济水平的同步发展，道路交通标志已经与人们的生活紧密相关，是道路使用者无时无刻、必不可少的获取信息和保障交通安全的工具。所有的道路交通标志都应该是功能性的，指路、指示、禁令、作业类标志中的大部分应该是动态可变的，如此才能符合它的功能性定义。

早在 2016 年，我就在中国智能交通协会年会的一场演讲中说到，要让交通标志发出光、接上电、连上网，如今这个愿望我已经实现了。今天，指路标志可以应用交通流大数据给出拥堵指数、时间、距离等信息，各种交通标志都可以通过物联网技术实现全生命周期内的数据应用和状态感知，再把标志的内容信息以数据传输的方式通过互联网广泛发布给道路使用者和车辆。

交通标志的可视化、动态化、智能化、数字化会是一场“交通信号灯的革命”，更会是推动车联网应用发展的潮流，安全性更高、秩序更好、效率更高的道路交通出行时代因此提前到来了。

对交通信号灯也就是红绿灯的好感我不去多说，但是对它的疑义我是始终有的，原因有二：其一，它一定是阻断交通流的；其二，它一定只是一个避免冲突的时间工具。运行中的交通流如同河里的水流，遇到转弯、阻断的时候，水流会瞬间减速而形成积聚堰塞。交通信号灯在两个场景下必不可少：一是，大量的道路使用者不守规则；二是，通过交叉口的交通流量达到一定程度。而前者是可以通过交通标志标线去管控的。

道路护栏也是交通管控设施的一种，但它不属于交通信号。隔离或防撞用的护栏，其本身并不能够预防交通事故的发生，车辆与其撞击之后有可能减轻损伤，但也有可能加剧损伤。如何设置道路护栏也是要讲科学的。公路沿线一般不设置隔离护栏，只会在危险的道路边缘设置防撞护栏。中国的城市道路设置了非常多的隔离护栏，这一情况在国外是罕见的，我认为这样做的目的大概是为了给予不同道路使用者“路权”空间，也可以防止行人乱穿道路。有限的城市道路空间资源长期被交通标线、隔离护栏硬性地固化分配，却很少有人去想过“路权”应该是优先权还是专属权，如何去释放道路的有限空间资源。资源既然有了，那就要把它管好、用好，而身份信息数字化是管好、用好护栏的底层基础。

道路沿线还存在着其他较多的附属设施，如路灯、减速装置、防撞设施、监控设备等，它们都是道路交通安全管理的基础设施，要管理好它们同样需要为之建立数字化的身份信息。

就像前面通过“导航堵”引述区域路网路径指引系统科学规划的必要性一样，每一处道路交通管控设施都具有它无可替代的功能性。身份信息数字化的构建并非只是把现状道路已有的附属设施进行登记编号那么简单，而是需要考虑交通管控设施的设置是否符合交通工程学的基本原理，是否为交通安全提供了足够的主动预防，否则就只是在错误的、不合理的、欠科学的基础上去构建数字化的身份信息，那无疑又是车联网场景中的新灾难。

从道路交通环境安全运行角度来说，遵循公开发布的技术标准去设计、设置道路及其附属设施，并不代表就满足安全运行的需求了。这是因为技术标准通常只是对工程质量的最基本约束，道路交通环境场景的开放性、复杂性需要因地制宜地去全方位考虑，如此才有可能创造一个更安全、更舒适的道路交通环境。或许有人会说，道路及其附属设施是符合标准的，如果车辆安全性能足够好，交通事故就会减少。这显然是一种推诿思维，寄希望于他项的完美来弥补自身的不足。道路路基、路网的科学合理不是本书研究的重点，本书的研究重点是道路交通管控设施怎样才能做到在符合技术标准的基础上更加科学、合理，下面做一个简述。

其一是空间，包括道路的路面可用空间和周边环境空间。就一条道路的路段与平面交叉口而言，其空间会受到地形、地貌、建（构）筑物等多种因素的约束，进而影响规划设计与建设。道路的断面宽度总是有限的，路侧净空也是有限的，让更多的具有不同特征的行人、非机动车、机动车能高效地使用有限的道路空间资源，是科学设置道路交通管控设施的重点。

其二是视距，是指正常行驶中的车辆驾驶人所能够看见前方和路侧区域环境物体的距离。在一个有限的视距范围内，形成一个特定的视区，行驶中的车辆其实是在不停地切换着视区。无疑，视距的范围越大，车辆驾驶人在一定程度上对风险的判别就越精准并能提前。然而，弯道、坡道、桥梁、隧道、山体树木、沿线设施、出入交叉口等都会导致驾驶人的视距受限，从而增加交通安全风险。2016 年 4 月 2 日是清明小长假首日，江苏境内 G42 沪蓉高速常州段接近交通枢纽处发生了一起 56 辆车连环相撞的惨烈车祸。我在该起事故发生后的第二天去现场做了调研，发现问题所在：能见度较差的霏霏细雨中，连续两个大弧度弯道加上一个绵长缓上坡，在“视距不足”的坡顶前方位置两辆货车相撞，于是节假日快速行驶于高速公路的车辆驾驶人在毫无心理防备的状态下来不及反应，致使多辆车叠加相撞在一起。通常，显而易见的树木与建筑物遮挡等视距障碍或隐患容易被发现，但更多的情况却容易被忽略，这就间接增加了道路交通事故发生的概率。在道路交通安全管理中，必须要有一个认知，就是只要道路上存在风险点，无论交通事故发生的概率有多小，都要去防范，因为滚滚车流会让交通事故概率的分子与分母越来越接近。要想降低视距受限的风险，就要通过科学设置道路交通管控设施去实现。

其三是速度，是指车辆在道路上行驶中的安全限速。道路会提供给车辆一个设计的行驶速度，高速公路还会给出行驶速度的最低值与最高值，车辆按照该设计行驶速度去行驶就能够确保安全吗？显然不能。道路在正式通车运行之后，会受到气候、车流量、使用者、沿线环境设施等复杂多变因素的影响，进而影响交通安全，设计速度仅仅是道路交通良好常态下的理论安全行驶速度，要真正保障道路交通安全，速度管控措施一定要切实可行。即便是在德国，堪称不限速的高速公路，也会通过不同的道路交通管控设施对必要采取交通安全措施的时间段和路段进行速度管控。

科学合理、安全有效地设置道路交通管控设施，可以对道路交通环境的空间、视距、速度进行优化，从而为车辆驾驶人争取到更加充足的安全操纵车辆的时间。

具体到道路交通安全设施的设置，应当遵循以下原则：消除交通安全隐患，增强交通事故预防的主动性；消除交通信息盲区，优化交通出行的路况预知；减轻道路通行负荷，改善道路交通秩序和提高通行效率；降低行人过街难度，改善步行和骑行通道的舒适度；遏制交通违法现象，养成良好的交通习惯，提升文明素养；应对城市环境恶化，提高城市道路环境品质。

本章的重点是道路交通全环境要素的身份信息数字化构建，其前提却是道路交通环境场景的合法、合规、合理。很难想象，如果在缺陷、缺失、不合法、不合规、不合理的道路交通环境场景基础上去采集信息，构建数字化，又有何意义，无异于雪上加霜。鉴于此，可以进一步想象，我们当下的道路交通又为何事故多、拥堵严重。

第3章 全路网的交通流调度

这里要讲清楚路网与交通流之间的关系。交通流包括在道路上运行的行人、非机动车、机动车，而这里重点讲述的是机动车辆形成的交通流，简称交通流。行人与非机动车所产生的交通流同样影响着道路路网的运行，也会与机动车辆形成的交通流产生冲突。但是，如今的城市与城际之间越来越多宽阔而密集的道路所形成的路网原本是为了满足机动车辆行驶的需要，实际却事与愿违，道路交通愈发不安全且拥堵。因此，很有必要去厘清原因，运用现代化的科技工具与手段去解决问题。

常态下川流不息的交通流，与江河渠道里的水流有着高度的共性特征。每一条道路都如同一条河流的河床，在有限的空间和特定的时间内，水流的速度与通过的流量成正比关系。水到渠成，水往低处流，成就了大自然纵横交织的河道与星罗棋布的湖泊。我们不妨把那些湖泊、池塘，还有人工水库，都当作是停车场。只是，当下中国的城市才发展二十来年，刚刚成型，开放包容的经济增速驱动着汽车工业文明时代的飞速到来。一个庞大的超过7亿人的城市人群，除了工作、休息以外，生活基本是要与车辆捆绑在一起的。为了应对不断增长的交通流，城市之间、城际之间，不断修筑道路以形成相互连通的路网，不断建设停车场以满足车辆停放的空间需求。水多了加面粉，面粉多了加水，城市、道路、停车场，似乎是永远也摊不完的一张大饼，越摊越大。城市交通可以像河道、湖泊那样获得平衡吗？无论是否可以，都要去营造交通流与道路网之间的平衡。尽管江河湖泊也会决堤，但那一定是遇到了不可预见、不可逆的天灾洪流，而交通流应当都是可预见、可调节、可管控的。

正常行进的水流，倘若是遇到了急弯、山体、暗礁等阻挡，它会形成一个强大的回旋流力，快速地转变方向倾泻而去。然而，正常行进的交通流，在遇到了弯道、变道、狭窄、灯控、事故、道路作业等情况时，一定是先减速，继而形成堰塞。唯有如同水流的回旋力一样，得到更加快速的释放，才能让交通流保持顺畅。

本章研究的是全路网的交通流调度，而研究的前提是要把全路网与交通流之间的基础特征先研磨透彻。不管科技有多发达，解决问题使用的工具有多先进，都必须建立在基础特征之上，建立在基础特征的痛点之上。

先谈谈路网。

简单地看，城乡之间、城际之间，高速公路、不同等级的公路和乡村通道共同组成了公路网。城市范围内的快速路、主干路、次干路、支路、街巷通道，共同组成了城市路网。

在这里，路与路之间相互交织、连通，至少要有不同坐标方向的六条道路相交才能形成一个核心的“田”字格，才可以称之为路网。在一个路网范围内，在最短距离不能通畅到达目的地的情况下，还可以有多种迂回绕行的方案可供选择。在一个相对的局域路网空间范围内，受道路交通环境等多种因素的影响，到达目的地的最短空间距离并不一定就是耗时最短的。

在公路网中，各条高速公路之间的组网，由于其具有封闭运行、地理空间跨度较大、长距离出口与枢纽、气象多变等特征，因此对于高速公路网的管控技术的研究需求更为迫切。

相较于公路网，城市路网则更为复杂，出行的距离、方位、环境等都不易被道路使用者熟识。在中国，大量动辄数百万、数千万人口的城市，其路网受多方面影响，异常复杂。

受行政区划的影响。在市与市，区与区之间，往往是顺着历史沿革而形成界线，相互之间既存在深度融合的板块，也会有清晰明确的分隔。从一个行政区到另一个行政区，可能会在同一个密集交织的路网范围内，也有可能要通过一段跨境的通道。某个行政区划并非就固定处于城市的某一方位，很多时候是包容或纵深的。如同河北省与北京市之间的行政区划，并不能单纯地说从河北到北京该从哪条路到达。

受商业布局的影响。购物、休闲较为集中的区域被称为商业中心，往往也是城市中人居最为密集的场所。城市的繁华商业中心绝大部分是延续下来的，一般处于城市雏形时期的核心位置，路网结构具有狭窄、密集、方正、通达的特点。在非核心的行政区域，商业性的城市副中心也逐步形成规模效应，但往往会因为前期缺少必要的交通影响评价导致后期供需矛盾突出、秩序不良。

受房产开发的影响。伴随城市与人口的扩容，大量新的住宅楼盘鳞次栉比、拔地而起，高层、多幢、大院是房产投资收益的诉求。其周边道路也大多是宽阔、笔直的。当接二连三的居民区建成后，这些大道、大街承载了川流不息快速通行的机动车，但可供步行的、商业化的功能性街道却是缺失的，一旦道路上发生突发事件，拥堵就在所难免。

受产业建设的影响。城市的活力还在于它能够为人们提供更多的就业岗位，工业开发区、科技产业园、博览中心等应运而生。生活在城市的一个点，工作在城市的另一个点，两点之间被称为职住距离。产业性质的开发区通常与城市有着明确的分界间隔，也会有连带着的居民区分布于间隔带，但其共性是职住距离之间的通道是有限的，路网结构较为简单。

此外，城市路网还受政治、经济、教育、客（货）运枢纽等的影响，这里不再一一列举。

每一辆车，从出发地驶往目的地，其需求决定了交通流的规律。上下班高峰期形成的进出城方向大交通流量就是一种规律。我们知道，规律有不可逆性，向着目的地行驶是一个刚需。但站在全路网的视角去看，它有多种路径可以实现，而且不同路径的空间距离与时间距离在不同因素条件下也会有着较大变化。更加安全、快速、经济地到达目的地，同样也是刚需。如何站在全路网空间的视角，通过对交通流进行调度来均衡道路交通流量负载的同时，让每辆车都能够安全、快速、经济地到达目的地，理论上是可以实现的，关键在于实现的策略、方法与路径。

近年来，国内交通工程界兴起了针对城市道路交通组织优化的研究，主要集中在两个方面：一是道路交叉口的标志标线调整，包括车道增设或分配，在停止线前方施划左转或直行等待区，对非机动车、行人实施色彩空间或物理隔离以减少与机动车的冲突，在交通标志的基础上增设诱导信息屏，等等；二是对交通信号灯实施多相位、多时段的配时方案。相较于道路建设期固化下来的交叉口渠化与配时的形式，采取这两种优化确实可以在一定程度上提高交叉口的交通安全运行与通行能力。然而，其作用却是极其有限的，当该交叉口下游道路拥堵或有突发事件时，上游的一个或多个方向交通流极为饱和时，其优化作用就会变得低效或失效，更有甚者反而会加剧恶化通行状态。

要知道，经过数十年的建设，又经过近十年来拥堵状态下的断头路打通、路网加密，当下城市的路网格局已经基本形成了。但是对于业已形成的路网格局，却几乎没有进行过系统性的全盘路网负荷均衡性、匹配性筛查与分析，尽管路网范围内的商业、居住、教育等各种布局都发生了巨大的变化。在这种情形下，根本不可能寄希望于通过某一个或几个交叉口的渠化、信号灯配时能根本解决问题。即便是解决了一时的病灶，但是发病的神经元还是病态的。

在我 2016 年出版的《交通安全新认知》一书中的一篇名为《如何疏通城市"血管"》的文章中有一段话："要全面实施城市交通组织优化，通过提纲挈领的全局路网规划，营造便利、快捷、高效的交通环境。在城市交通的快速建设期，基本上是街巷道路、主（次）干道、快速路、立交桥、高架桥、隧道、新区、地铁、轻轨、车站、机场……一段段、一条条、一片片的修了建又建了修。若干年下来，各种性质的道路路网共同组成了较为稳定的城市规模格局。然而，很多城市在建设过程中缺少系统和长远的规划，也有的城市在人口红利带动下常常是规划跟不上变化，导致城市整体规模上去了，但各板块之间的交通系统衔接不上。不同的道路，多头规划、多头建设、多头设计、多头管养，也导致路网间的设施资源不匹配、通行效率不协调。路与街不分，路与场不分，路与路缺乏统一连续的指引，造成了道路资源使用品质和效率的低下。在交通管理上，为适应不断变化的需求，一窝蜂地货车限行却不给出物流的方案；一边倒地倡议自行车出行却不给予基本的路权；一个劲地倡导公交都市却不敢将旧的公交路线和换乘方案推倒重来；一个劲地限制小汽车进城却疏忽了交通枢纽的换乘，如此种种的结果是压下了这边的葫芦浮起了那边的瓢。针对上述一系列问题，通过对出行习惯、安全水平、通行规律、运行负荷、人居与路网的密度、路与场的比重、客流与物流、公交的换乘节奏等数据进行分析，实行一次全方位的政策研究和系统调整优化，在现有的规模状态下螺蛳壳里做道场，力争实现一个新的效率常态化。”

在水利灌溉中，水库、干渠、支流之间，通过闸门控制上游的储水量和下游的流量。闸门的作用，既是控制，也是调度，可以确保整个流域范围内的供需、安全和流通。

显而易见的是，公路网、高速路网、城市路网都需要控制、调度交通流，从而实现供需平衡、安全通畅。那么控制与调度交通流的基本策略是什么呢？对于一个平面道路交叉口，应当感知各个方向上、下游的实时交通流数据；对于一个城市或一个区域的路网，应当感知全路网范围内的实时交通流运行数据。实时的、真实的、在线的数据尤其重要，需要强调的是数据必须共同在线，有了在线数据就可以形成科学的决策。

过去有过一个时期，城市的每一个道路交叉口全天都会有交警执勤，驾驶人、骑行者、行人都必须听从交警的指挥手势，当指挥手势与标志标线、信号灯不一致时，要以交警的指挥手势为准。我们可以把交警的指挥手势看作是控制与调度交通流的“闸门”，当某个方向的道路上发生事件或拥堵使道路不再具有通行能力时，交警的指挥会控制驶往该方向的车辆向其他方向调度，而不会考虑车辆行驶的实际需求。保障道路交通安全、畅通是执勤交警的职责与使命。

后来有了越来越多的交通信号灯，通过红、黄、绿三种颜色的切换来代替了交警指挥手势的控制与调度功能。但交通信号灯毕竟是机械性的，即便有了多种配时方案，它仍然极难应付大空间范围内的多方向大交通流，更不必说还要考虑行人、非机动车带来的交通冲突。交警的指挥手势可以做到时间与空间的同步调控，而交通信号灯仅仅可以做到时间调控。

交通信号灯这个时间的“闸门”，若分配得好，可以在一定程度上起到高效调控的作用，若分配得不好，就会直接阻断交通流，从而降低道路交叉口的通行能力和路网通行效率。也正是如此，交通工程师才更致力于研究信号灯的智能化与自适应。

2018 年，我在乌兰浩特做城市交通调研的时候，发现了两个特别让人忍俊不禁的现象。

第一个现象是有关交通信号灯的。乌兰浩特市仅有二十多个道路交叉口设置了信号灯（灯控交叉口），而且都是跟随道路建设改造同步安装施工的，每一个灯控交叉口都实行单点控制、固化时段配时。在上下班出行高峰期，这些以“孤岛”形式存在的交通信号灯，由于相互之间缺乏联系，导致大量机动车堵在车道上。为了解决这个问题，交警索性在上下班出行高峰期关闭全城的信号灯，增派警力在交叉口人工指挥，交通疏导的效果立竿见影。

第二个现象是关于交通指引的。长期以来，乌兰浩特市新建成的前旗新区进出老城都依赖于只有双向四车道的罕山路公铁立交桥通行，桥头老城的一端密集开发了大量的楼盘，导致立交桥的交通流量暴增，使该路段不堪重负，上下班高峰期不仅拥堵，还大大延长了高峰时间段。正当我苦无对策之际，有人告诉我，北侧不到 1 千米新建成通车了一条双向八车道的道路，但是没有车辆愿意从那条路通行。我继而大范围了解了路网结构，原来是大量新建的道路没有指路标志和信息诱导屏。当地的道路建设思维还停留在路基、路面、路灯、绿化是建成通车的必要条件，而交通安全设施则完全留给交通管理部门日后去解决这一落后观念上。早在 2012 年《国务院关于加强道路交通安全工作的意见》（国发〔2012〕30 号）就已经明令“严格落实交通安全设施与道路建设主体工程同时设计、同时施工、同时投入使用的‘三同时’制度，新建、改建、扩建道路工程在竣（交）工验收时要吸收公安、安全监管等部门人员参加，严格安全评价，交通安全设施验收不合格的道路不得通车运行。”然而，现实中像乌兰浩特这样置若罔闻的道路非法通车现象却大量存在。

乌兰浩特只是一个拥有 30 多万人口的小城市，管理层面的道路交通问题却已经十分严重，且呈积重难返并恶化的态势。说到底就是建设期缺位于科学思考城市与道路交通二者之间的关系，在区划、商业、房产、工业、教育这些设施的开发同期，忽视也忽略了它们与道路路网、交通管理的衔接和配套。

如今，再去过多地描述历史欠账似乎已于事无补了，人、车、路、环境之间的冲突与矛盾愈发加剧，因此就需要新的手段去化解冲突、消除矛盾。正如燃油农机具的出现为农业生产提供了更加经济和更高效率的耕种方式，一举改变了几千年来马车、犁刀时期面朝黄土背朝天的人类生存方式。全球移动通信系统（Global System for Mobile Communications，GSM）的出现，让全人类能够同时在线获取各类信息，促成了思维与科技的爆发。因此，解决道路交通难题寄希望于新的科技工具也是一种必然，而拥有大容量、高速率、低延时等性能的 5G 通信就可以让道路变得更加主动。接入 5G 通信，交通标志、标线、信号灯等路侧设施，可以主动地把道路交通中采集到的相关风险状态、实时流量、交通事件、环境条件等信息运用数字化技术向人与车进行实时传输。同时也可以结合路网的实时路况信息，通过路侧场景单元（Road Side Unit，RSU）实施动态交通管控，调度交通流。

乌兰浩特的全城上下班高峰时段停用交通信号灯，交警上路指挥，看似是一个现代的笑话，实则是行之有效、立竿见影的手段。在没有全路网交通流数据支撑，不能够有效使用交通标志、标线、信号灯的情况下，公安交警可以现场发现拥堵的症结，通过指挥手势实时调配道路空间资源，精准给出不同方向的车辆通过道路交叉口的时间方案。值得我们思考的是，倘若全路网交通流数据实时精准，交通标志标线具备动态分配道路平面空间资源的功能，且交通信号灯也能够"聪明"地感知并给出合理的动态时间方案，结果又会怎样呢？答案不得而知，显然这正是道路交通管理工作者们"科技替代人力"的目标愿景。

前文我提到，交通信号灯、交通标志、交通标线就相当于交警的指挥手臂，可以用它们来调度人、车、路。它们不仅仅要有功能性的智能，还要有数据使用与决策的智慧。

在道路交通的时间和空间这两个要素上，时间是一个连续态，同一时间只能供给有限的通行需求；而空间是一个泛在态，同一空间可以采取多种形式供给多种需求。道路资源的空间，包括平面空间、区域空间，对其进行可利用性研究，这对于全路网交通流调度是极有意义的。

以铁路客运站站前道路交通组织为例。送站与接站的车辆构成了两大刚需交通流，其中包括社会车辆、出租车辆、公交车辆。铁路客运站往往占地面积较大，经由该区域的过境车辆也是一股较大的交通流。分析得到送站、接站、过境这三种交通流的需求特性后，如果从道路交通枢纽空间上给出各自独立、交互但不冲突的通道，同时给出不同类型车辆的优先通行权，则很容易就能实现有序、畅通的交通环境品质。考虑到铁路客运站综合体范围内商业、公交密集的情况，还应给出行人通道与集聚区、公交调度场站的空间。南京市铁路南京站为送站车辆修建了专用的高架桥与落客平台，为接站车辆配置了大型地下停车场和便捷的出入口通道，为过境车辆修建了地下通道，为公交车配建了专用的调度场站，为行人出入建造了宽敞的临湖（玄武湖）广场与地铁连通道，总体上实现了交通流的循环往复、各行其道，自建成以来始终保持有序畅通的高效运行。

道路上影响汽车行驶速度的因素，除了汽车本身的动力之外，还有道路的宽度（车道的多少）、车辆的多少、交叉口疏密以及交通事故与事件等干扰因素。对各种因素实时监测，通过诱导、调控策略，将干扰降到最小直至排除，这是全路网交通流调度的核心任务。

滴滴智慧交通的一位首席科学家在2019年第八届中国智能交通市场年会所做的报告中提到“一路无灯，处处畅通”，这就是智慧道路交通的愿景。

近年来，智慧高速公路的概念风靡全中国，但是实际的示范建设却走偏了。不管是智慧城市道路交通，还是智慧高速公路，一定是以“服务于出行”为目标导向的。在高速公路的路面铺设太阳能板，在高速公路上安装一些监控测速设备和LED信息屏，在高速公路沿线设置气象监测装置，这些是否就是智慧呢？当然不是，这些手段顶多是为高速公路的管理附加了一些智能化的功能，可以为高速公路的经营者和管理者提供一些便利，而对于出行者来说，并不能体验到什么。即使通过LED信息屏发布了高速公路的路况、交通事件等信息，也是后知后觉的，出行者不会有什么更好的办法去应对。

江苏宁沪高速公路股份有限公司作为一家主板上市公司，其对智能设施的投入以及先进的管理手段一直处于国内领先地位。然而，就在2016年的清明节期间，常州段发生了一起56车连环相撞的恶性交通事故，虽然没有人员死亡，但仍造成了大量人员受伤和巨大的经济损失。在那个春雨霏霏的高速公路上，能见度较低，加上连续两个人弧度弯道和一个绵长缓上坡，在“视距不足”的坡顶前方位置发生两辆货车相撞，于是节假日快速行驶于高速公路的车辆上的驾驶人在毫无心理防备的状态下，来不及反应致使多辆车叠加相撞在了一起。对于沪宁高速公路的运营者和管理者而言，对实时的交通安全风险状态其实是知情的，但是他们并没有什么更好的措施去服务于出行者。事故发生，多方受损。

智慧道路交通，一定是将某一区域全路网范围内的运营者、管理者、出行者、车辆和路侧设施等多方面要素全部调动起来，让道路上行驶的车辆能够安全、通畅、舒适地驶往目的地。

第4章 全息感知下运行开放的道路

2019年5月10日，由我们团队发起并全程策划筹办的主题为"5G车联网，路侧新生态"的首届智能网联路侧设施产业生态大会在南京成功召开，来自工业和信息化部、公安部、交通运输部、同济大学、中国移动、高德地图等企事业单位的众多权威知名专家一致认为，5G通信可以让道路具有信息自动感知功能，道路可以主动地服务于人和车。我在大会上所做的主题报告《智能网联路侧设施场景研究与产业生态》中对智能网联路侧设施做了定义，它是指在交通工程学基础上，运用5G通信、传感器、云计算等现代科技手段及工具，基于高精度数字化路网，构建附属于路侧的交通标志标线及信号灯、示警、防护、减速、诱导、照明等管控设施的数字化身份信息，通过互联网实现人与车主动同步交互感知，服务于出行。

我把主动的道路归纳成12个字：智能网联、数字在线、全息感知。

让道路、人、车、环境实现全息感知曾经是一个梦想、愿景，而现在因为移动互联通信技术的进步，它可以是一个具体的目标和计划了。

在人类目前所使用的各种交通运输方式中，安全系数从高到低依次是航空、铁路、水运、道路。显然，运行中的交通工具所受的干扰因素多少决定了安全系数的高低。飞机一般在起降的时间段受到气象、飞鸟的干扰较多，一旦飞上蓝天就运行在一个相对纯净的环境中，并且航线受控稳定。列车在全程运行过程中都被限制在专用轨道上，但仍然会受到气象、铁轨及可能出现的障碍物、周边山体环境等的影响。轮船航行在水面，要面对复杂多变的水体气象、暗礁、其他船只、障碍物等干扰因素。汽车行驶在道路上的情况则异常复杂，几乎能够想象到的各种人、车、路、气象、环境都会带来不可预见的干扰与风险。高速公路、公交专用道等道路形式的出现，其本质就是通过减少干扰与风险因素，确保某种出行方式的安全与高效。

电子地图的诞生，相当于把道路放在了互联网上，我们可以在互联网上浏览道路的全貌，街景地图就提供了这样的服务。如果把运行中的汽车也连到互联网上，道路与汽车就都处于互联网在线运行状态，研究无人驾驶技术的科技者们早已狂热地希望能够如同驾驭电脑汽车游戏那样，操纵所有车辆在道路上行驶。他们的思路是在车辆全身 360 度安装雷达、激光、视频等各种传感装置，让车辆能够像水里的鱼儿一样自由自在地穿梭。

理想很丰满，现实很骨感。姑且不论那样一辆充满魔幻想象力的高科技汽车会有多么昂贵，事实上，无论多么精良的雷达、激光、视频，或许也无法应对复杂多变的道路交通环境。这里不做过多的论述，涉及的是无人驾驶能否真正实现的问题。至少在中国，可以预见的是，只有在通信网络、智能传感、芯片、定位等技术完全自主、完全稳定可靠之后，才会有真正无人驾驶的可能。Google、Uber、Waymo、特斯拉等无人驾驶上路均出现了交通伤亡事故，足以证明，在存在着多种因素干扰的道路上行驶，安全保障同样是无人驾驶汽车面临的最大问题。

于是，让道路的路侧设施符合规范、智能网联成了智能汽车、无人驾驶汽车厂商们的呼吁。

传统上建一个智能交通系统，会安装一个 LED 信息屏，驾驶人看了信息以后才控制车辆，红灯绿灯也一样是亮给驾驶人看的。但智能网联是指路侧设施可以把自己的身份信息传给车辆，车辆一旦接收到信息就能决策往哪开，这样可以带来道路交通系统的很多变化。

在智能网联出现之前，路的感知已经是非常丰富了，从最早的线圈到微波、地磁、视频等技术已经能够把交叉口、快速路流量、车速、排队、滞留、号牌、违法等信息都感知到，感知之后在交通管控、信息采集诱导、信息服务等方面去做很多应用。

但是，传统的感知存在非常明显的局限。第一，原来那些路侧信息、车辆感知都相对独立，仅感知自己的信息，并不会分享给别人，如一个卡口系统感知到车辆并不会共享给车或者信号系统；信号系统也要进行独立感知，这个独立感知会造成局部信息重复和局部信息空白。第二，车的出行需求是未知的，在这种情况下做传统的智能交通路侧管控，车与路之间仍然是各自独立的“孤岛”。第三，采集到的数据只是存储，用于之后的分析，后知后觉，相当于档案馆里的资料，封闭且被动。

智能网联就不一样了，可以建设路侧与车辆共同感知的场景，比如在道路匝道这个场景下，可以对流量、车速、车辆排队、路面健康状况、事件、号牌、行人闯入等进行分析，和违法、信号、上下游进行联动，联动以后可以提供高精度位置服务和行驶服务，能知道车要去哪里，知道车在高架上希望从哪个出口下去，这对平衡快速路网流量可以起到一定作用。城市的平面道路交叉口情况也非常类似，可以把交叉口的整个信息整合起来，更多地采集经过道路交叉口的车辆信息，让交叉口路侧端的信号灯、标志标线、减速防护、监控设施都与车辆感知联动起来，相互协调，实现协同。

在路侧有了智能网联传感设施之后，能够对感知到的各类设备与车辆的碎片化信息流进行快速整合和分发，给到相应的控制节点和车辆上，来为它们提供服务。

全息感知下运行开放的道路，是希望让道路交通全环境要素都有方向、位置、速度、空间、身份等数字传感，通过互联网实现在线且闭环。当然，除了路侧设施和机动车辆，这其中还要包括行人、非机动车、建筑物、气象，因此实现起来一定是难度非常大的。这就是“互联网 +”理念的应用落地。一直以来，“互联网 +”这个概念误导了很多人。最早提“互联网 +”的时候，很多人认为建个网站，建个 QQ 群或微信群，把产品放到网上卖，通过互联网把大家聚到一起就是“互联网 +”。这就大错特错了，“互联网 +”中的“+”是什么？我理解其实就是类似“电力 +”，人类自从发现了电之后，又有了直流电、交流电、风电、水电、锂电、核电等，不同的电使得很多生活用品、生产设备都使用上了电。“互联网 +”就是要做互联网的产品端应用，不是简单地建一个网站，把大家一起拉到网上就算“互联网 +”了，更不是把产品通过互联网销售就算是“互联网 +”了。真正的“互联网 +”是要实现产品设备的全面应用。手机、家电、医疗都会因为有了互联网而变得智能，那么，道路交通中所有的行人、设施、车辆也会进入互联网应用时代。

智能网联触手可及，全息感知指日可待。

我们必须保持清醒的头脑，接上了互联网的汽车并不是虚拟的，也不是仿真模拟的游戏世界，它依旧是要真实地驰骋在路上的。道路交通环境中的变化我们永远无法预设，能够做到的就是交互感知。然而，仅仅实现了交互感知就可以了吗？当然是不可以的。从时间的角度，感知有三个层面：延迟的、实时的、提前的。人工驾驶也好，无人驾驶也罢，提前感知是最可靠的安全保障。

在高速公路上，接近互通枢纽或匝道出口的路段通常交通事故高发，主要原因是车辆突发性紧急变道、减速、停车。而诱发突发性危险的又是驾驶人对指路标志信息判别的困难或缺失。车辆以每小时 120 千米的速度行驶，相当于每 3.6 秒就要前进约 120 米。我国相关道路交通工程技术标准规定了高速公路、城市道路的交通标志夜间视认距离应满足 120 米。对此应当理解为标准要求的是最低夜间视认距离，而设计者们往往就按照这个参数去设计，这就给实际驾驶带来了非常多的困难，不同的人操作能力不同、不同的车辆机械性能也不同，但都必须要在 3.6 秒的时间内安全地完成从识读到反应再到操纵这一过程。我国高速公路与城市快速路的出口与枢纽路段，交通事故发生的概率非常大，是否与交通标志视认距离不满足安全要求有关就不得而知了。即便 120 米的视认距离是相对安全的，但是在雨、雾、雪等低能见度的天气情况下，那也是毫无安全可言了。如果既能够在较远距离让驾驶人识读交通标志信息，又能够主动且提前将交通标志信息传递给行驶的车载电脑中枢，无疑是最为理想的。因此，我最早公开提出了要让道路交通标志实现主动发光、智能网联、数字在线、全息感知的目标。

在传统的智能交通系统建设过程中，采用的是地磁线圈、视频、雷达、激光等科技工具来采集道路交通环境中人、车、路的各种数据，并通过铺设光纤进行数据传输，也有通过 GPRS 无线传输数据的情况，成本极其高昂，数据的使用也是极其滞后的。各个城市的交通指挥中心就是在特定的信息采集技术时代的“中心平台”思维。中心平台是一个庞大的系统工程，其信息决策调度的滞后性决定了指挥中心的大屏幕大多时候也只是个“花架子”。

在金融业，去中心化、发展区块链技术已经提了好几年，也取得了非常好的成效。支付宝就是把庞大的 C 端个体消费与储蓄建在了数据云平台，然后形成了信用数据，借贷变得更加便捷。我觉得，道路交通管理是不是也应该思考，在云计算技术已经较为强大、可靠、稳定的当下，我们是否也应该运用区块链思维，让道路交通系统内的人、车、路、环境之间建立数据链，实现互联、交互、协同。在下一章中，我将重点讲述全出行数据在线与决策。

有了 5G 通信技术的支持，道路交通的“区块链”会加速度发展，我甚至认为它会比金融业的区块链获得更多的支持并被广泛应用。毕竟，它是服务于出行，又具有公益性，且可以驱动经济。事实上，即便 5G 通信还没有全面铺开，现有的 4G 通信同样也可以去做道路交通的“区块链”，只不过成本、时延等会不尽如人意。近两年来，我们的团队就已经在做这方面的研发努力，高德地图把交通流的数据直接下发到道路沿线的指路标志，指路标志上经过运算后的数据又被道路出行者读取使用，从而形成了信息的共享与互动，道路上的交通流也实现了自动调节，而无须再由指挥中心去做人工调度和干预，整个过程都有实时且真实的数据支撑，都有各系统做数据与事件的记录工作。

我坚信，5G通信的到来，会让我们的道路交通"区块链"技术获得泛在应用，我们已经做好了充分的准备。

当然，墨菲定律告诉我们，"容易犯错误是人类与生俱来的弱点，不论科技多么发达，事故都会发生。如果事故有可能发生，不管这种可能性多么小，它总会发生，并引起最大可能的损失"。我始终没有也不敢忘记自己从事道路交通安全事业的使命，全息感知道路的前提是科学合理的场景，首先应当设计出一条安全的道路，我对安全的道路的定义就是要让极可能犯错的人工驾驶在交通事故中减轻或避免人身伤害。全息感知是一个升级增强版的道路交通设施系统，面向人工驾驶和自动驾驶去研究，把开放的道路交通环境变成闭环的感知道场，让各个不同主体安全、高效地运行。

在无锡的城市级车联网先导区道路场景中，有一个智慧道路作业的示范应用。其实很简单，就是为每一块施工作业标志牌、每一个隔离锥筒安装通信传感模块，包含位置、方向、水平的传感器。在作业人员将设施摆放在道路上的同时，设施的全部状态数据就同步到了云控平台，也随之同步到了车载通信终端。要知道，道路上作业及事件的信息对于交通管理无比重要，大量的道路开挖以及电力、绿化、管道等作业，严重影响了正常的通行秩序。传统的道路交通管理手段是在有计划、有预见的作业事件发生之前通过媒体发布信息，现场摆放告示标志，而大量的随机性作业事件仍然会使没有预见的道路使用者措手不及。若设置了有传感、有通信功能的作业设施，此时的道路就会变得主动，与人、与车之间能实时交互，彻底解决了管理与出行难题。

全息感知的道路对于交通安全实在是太重要了，我们已经将这项技术应用于北京大兴机场高速，实现高速公路横断面气象的实时精准感知。雨、雪、雾、霾等天气状况下的低能见度、水膜，尤其是突发性团雾，往往是引发道路交通事故的重大灾害因素。暴风雪过后，道路会湿滑、形成黑冰，这非常容易引发严重的交通事故。长期以来，尽管正常的天气预报已经较为准确，但是道路横断面的气象预测仍然是世界性难题。人们正常接收到的常规气象播报不能满足道路交通安全管控的需求。据相关公开研究资料显示，近年来恶劣天气导致的交通事故死亡人数同比持续增加，仅2016年下半年，全国范围内雨、雪、雾等恶劣天气条件下发生道路交通事故且导致死亡的人数就同比上升了13.3%。通过设置道路气象监测站，就能够实现对道路横断面气象的精准感知和数据获取，可以同步在信息预警、安全视距、速度管控、除冰除雪等交通事故预防上面，使其实现泛在应用。

在有“物联网之城”之称的鹰潭，鹰潭市公安局交通警察支队委托江苏科创车联网产业研究院，于2018年起陆续开展了一系列交通安全设施物联网示范应用，共有包括交通标志、信号灯、隔离护栏在内的6404个设施点位安装了华为NB-IOT物联网通信传感模块。在安装完不久，2018年8月，鹰潭市就遭遇了一场八级大风的暴风雨天气，那些被大风破坏刮倒、倾斜的设施通过传感器及时将数据传输给云平台，从而得到了及时、精准的修复，最大限度地减轻了交通影响和人力、物力的损失。

北京大兴机场高速的全程主动发光交通标志也实现了状态实时传感，远程同步监测。包括能见度、方向、速度、位置等信息均应用了先进的多轴传感设备采集，当标志设施发生碰撞、倾斜、倒地、移位、偷盗等情况时会自动报送状态，还可以根据高速公路沿线的天气能见度实现多级自动调光以保持更佳的视认性能。

图4-1是互联网上出现较多的一张图片，把全息感知下的道路交通环境表达得最为直接。尽管道路是开放的环境，但其间运行的人、车、路侧设施都有了相互的通信联系，彼此可以感知到各自的通行需求信息，实则是在封闭的电子信息区间运行，空间和时间必然获得最大化利用。

我们知道，很多道路交叉口，尤其是城郊接合部的道路及普通公路沿线，交通流量较小、冲突点较少，并不需要设置交通信号灯。在这种“没有信号灯

图 4-1 全息感知下的道路交通环境

的交叉口”，运用全息感知技术做预警保障可以获得极佳的效能，让我们看一看下面的方案。

【方案】智能网联行人过街预警系统

无灯控路口行人过街是一个安全痛点。在没有信号灯控制的交叉口或路段，为了保障行人过街的安全，主要通过设置相应的标志标线，提前告知驾驶人前方是行人过街区域，注意减速让行，必要时停车让行，也就是当前国内推行的“礼让行人”。在这种情况下，行人过街的安全保障很大程度上依赖于驾驶人的主动发现。因而，存在以下问题：其一，驾驶人的心理与生理会存在疏忽大意的情况；其二，给交通运行效率造成一定的影响；其三，在低照度（夜间）、低能见度（雨、雾等）情况下驾驶人极难快速准确地识别行人；其四，持续加速度或超速度驶近斑马线的车辆可能失控冲撞行人。

智能网联行人过街预警系统组件：C-V2X RSU 双模路侧单元 +I2V 面板显示发光标志 +I2V 示警设施 + 全天候视频图像识别装置 + 雷达测速（选配）+ 屏显式语音播报器（选配）。

如图 4-2 所示，智能网联行人过街预警系统工作原理如下：

（1）系统检测到行人将要进入或正在通过斑马线。

① 事件信息通过 RSU 发送到车载 OBU（On Board Unit）设备，实现主动告知，促使车辆自动或驾驶人主动减速，直至停车让行。

② 系统控制芯片发送指令给相应的发光标志、LED 示警桩、LED 地灯等路侧设施，通过频闪、变色等方式向车辆驾驶人发送远距离强警示信息，驾驶人提前采取相应的让行措施。

（2）系统检测到持续加（超）速度的车辆驶向斑马线。

系统控制芯片向屏显式语音播报器发送指令，通过跃动的字幕告知尚未进入斑马线的行人，通过语音播报告知斑马线上的行人注意避让车辆。

（3）整个事件信息传输过程在云平台实时记载，云平台也可以对整个系统设施的工作状态实时知情。

图 4-2　智能网联行人过街预警系统

智能网联行人过街预警系统的功能优势有以下几点：

（1）该系统是新一代通信技术条件下的网联、芯片、传感、图像识别、数据运算、全天候可视等技术的融合集成，稳定可靠。

（2）该系统能自动检测行人过街、车辆行进状态，主动发送风险事件信息，行人、车辆收到信息后主动采取措施。解决了传统条件下无人过街时车辆亦需减速的问题；减小了无法知情的车辆可能失控冲撞行人的风险；克服了低照度、低能见度、车辆灯光强烈等情况下识别滞后的困难。

（3）人、车、路、环境之间实时数据交互，形成协同的闭环。

（4）与信号灯控制方式相比，智能网联行人过街预警系统经济可靠、施工简单、维护简便，交通安全效益、通行效率可以得到大幅提升。

“MapABC图盟”在微博发表了一篇名为《智慧交通的全息管控》的文章[①]，具有一定的借鉴意义，全文如下：

> 根据公安部交通管理局发布的数据，截至2018年年底，全国汽车保有量达3.4亿辆，比2017年增加2285万辆，增长10.51%，通过这些数据可以看到大部分城市正面临着破解城市病的严峻挑战，这些挑战包括缓解交通拥堵、提升交通效率、提升交通服务等，要想破解上述城市病最重要的一点就是要找到一套综合的精细化措施，通过这套综合措施能够保持交通供求关系的最优匹配和动态平衡。
>
> 全息管控就是这样一套综合措施，它是借助高精度交通专题地图、移动互联网、云计算、AI、大数据、5G通信、车联网等先进技术和理念，用互联网思维和技术对传统智能交通系统进行重构和再造，实现交通系统中人、车、路、环境以及交通管理/服务机构之间的信息以前所未有的精度、广度与速度进行交互与共享。全息管控的整体架构如图4-3所示。
>
> 全息管控的主要内容包括一个核心和六个层次。其中，一

① 《智慧交通的全息管控》一文引用自https://weibo.com/2197683382/I183tAigi?type=comment#_rnd1578965806470.

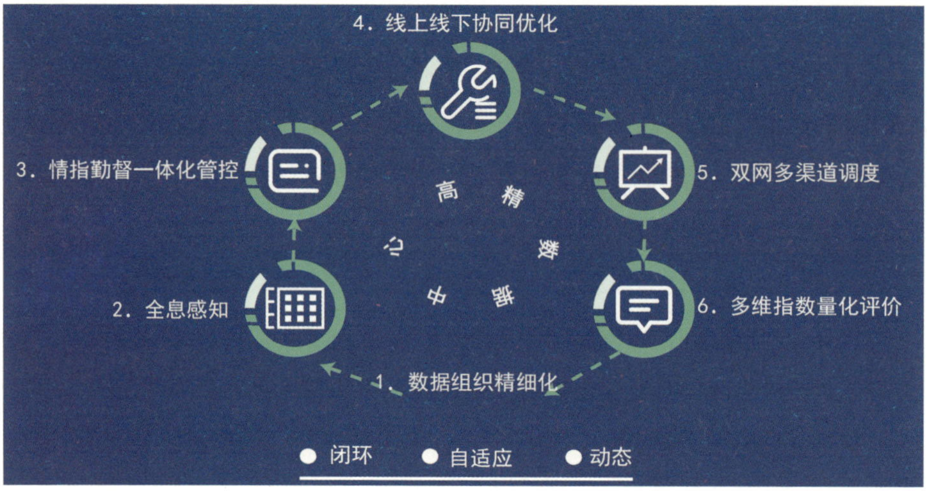

图 4-3 全息管控的整体架构

个核心是高精数据中心，它以路网单元为基础，构建标清路网和高清路网为所有交通元素提供精准的位置和连接服务。六个层次分别是：①数据组织精细化，即参考交通相关数据标准，关联交通的静、动态数据到标清路网和高清路网，并通过设施设备的全生命周期管理实现对数据的精细治理；②全息感知，即通过互联网、视频检测、雷达、线圈、移动端定位、一键报警等多源手段，以精准位置汇聚多源警情，增强城市交通的感知和预警能力；③情指勤督一体化管控，即通过对多源情报的归一化处理，以精准情报引领指挥，以中心平台—大队（中队）平台—移动端的协同应用实现扁平化指挥，并通过和互联网、App 等的连接实现更广域的信息发布和诱导；④线上线下协同优化，即一方面利用车道级交通精细化数据实现信号配时方案的季度优化和失衡、溢出、事故等场景的在线化优化，同时结合交通工程的相关模型实现路段和交叉口的在线组织诊断和优化；另一方面针对线上发现的重点和难点问题，线下结合专家团队提供更全面和更专业的解决方案；⑤双网多渠道调度，即通过对接互联网实现交通信息直达车主，实时提供事件发布、交警路线推荐、大型活动诱导等服务，在专网环境利用路网单元关联的交通路网单元数据实时精准服务微博、微信、App、广播和诱导屏；⑥多维指数量化评价，即利用高精数据中心汇聚的交通基础数据、交通行为数据、交通拥堵数据、交通警力数据、交通智能设施数据，结合相应的模型构建交通基础数据指数、交通行为指数、交通拥堵延迟指数、交通警力指数、交通智能设施指数，并利用这5个指数计算出交通综合指数，通过这些指数来评价感知、指挥、优化和调度环节的效能，并进一步给各个环节提供改善和提升的建议，不断递进、不断完善，整个体系逐步形成一个有效的机体。

全息管控通过六个层次的建设和推进，能够形成一个全面感知、智能处置和量化评价的闭环机体，在这个机体里，交通数据被按照和自然行走一致的规则进行组织，利用路网数字化真实反映现实世界，从而为各个交通工程模型的建立提供了坚实的数据基础，交通信息数据在各个层次之间有序流动，极大地提升了数据价值，每一环节的数据完善和业务改善都会传导到下一环节，使得整个体系具有动态、自适应的特征。

全息管控通过对交通要素的全息感知和交通主要业务的参与和优化，逐步减缓交通拥堵、提高交通效率、提升交通服务，从而形成一个“管理和服务共融、需求和资源匹配、线上和线下协同、数据和系统共进”的开放互联的精细化交通新业态、新模式，满足车辆精准化交通管控和社会公众多样性出行服务的需求，使交通更安全、更有序、更畅通。

第 5 章 全场景数据在线与决策

道路交通运行是一项系统性工程，全场景环境中的各个要素之间具有高关联、多变化、多冲突的特点。原本计划修建一条双向 10 车道的宽广大道可以任由车辆畅快行驶，但对于相交路网一条小道上的一辆慢行车或一个行人而言，通过这条宽广大道却是一个长距离的危险且困难的行程，于是加速行驶的车辆与慢行者之间，时间冲突转变成安全风险或空间阻塞，车辆往往并不能获得理想的驾驶体验。

道路规划设计师在规划设计一条道路的时候，会从道路使用者的需求角度去考虑车道数量的分配。道路使用者中，通常有步行者、骑行者，还有机动车辆驾驶人。而步行者和骑行者还可以分为成年人、老年人、儿童、残疾人等，机动车辆还可以分为小型车、大型车、公交车、救援车，车辆在行驶过程中存在左转、右转、直行、调头等需求。为满足道路使用者的这些需求，新修建的道路上就有了专用或共用的车道，会用文字图形的一些交通标志标线进行区分。于是，如果是一条有着同方向 4 条机动车道的道路，或许会在交叉口将车道按功能分配成 1 条左转、2 条直行、1 条右转。表象上这样的车道分配方案是完美无缺的，实际上真正满足了道路使用者的需求吗？未必！因为实际情况下的交通出行是随机变化的、多样性的，什么时间有多少辆车有什么样的行驶方向需求都是不同的，不可能做到均衡。而道路规划设计师①往往是基于均衡需求去平均分配车道的，如此就注定了道路交叉口交通出行时间和空间上的无法协同。

道路建成通车后，必然迎来了随机性、多样性的出行需求，因此原先的车道设计分配方案不可避免地会产生通行时间和空间的矛盾。于是，道路交通工程师②出现了，交通信号灯出现了，限制通行权的标志牌、隔离栏出现了，各执一词的争论也出现了。更有甚者，交通信号灯、禁止转向标志、限制通行权的隔离栏，成了道路规划设计师标准化的图纸必配。也就是说，固化性地约束道路通行的时间与空间，成了理所当然的标准规范。某些人可能一生之中，其家门前的道路交叉口就一直被禁止左转，这科学合理吗？然而，这一问题似乎并没有人去理会。

道路交通运行是系统化工程，却长期处于碎片化拼凑、补缺状态，头痛医头、脚痛医脚，也实属无奈之举。因为城市建设者们的初心仅仅是建设好城市，起初和过程中似乎并不知道城市的未来要承载什么、承载多少，就靠着一幢幢楼房、一条条道路用超速度的实干精神把城市建成了，越做越大。好在碎片化拼凑、补缺终究会形成一张成型的城市道路网，也终究会形成一个有相对规模的交通运行系统。

事实上，如今在全国范围、省域范围、市域范围，均已建成了成型的道路交通运行系统。近500万千米的公路总里程、近15万千米的高速公路总里程、约1万千米的城市快速路总里程、3000多千米的城市轨道交通总里程、3.4亿多辆机动车、4亿多驾驶人，其背后是庞大的多种数据在支撑交通运行。

交通事故、交通拥堵、交通污染是中国乃至世界的三大交通运行问题，

①，② 本书作者按个人理解，把规划设计道路阶段的从业者称作道路规划设计师，把管理优化交通阶段的从业者称作道路交通工程师。

各个城市都在向这三大交通问题宣战。我之所以在本章的开篇就先把道路交通运行存在的问题与现象抛出，尽管都是一些常见的问题，主要目的还是透过现象看本质，其本质就是道路交通运行需要有系统化、全场景数据在线与决策思维体系。

王坚博士在其著作《用“在线”的思维，探索数据新大陆》中反复释义了“数据在线”的具体方法和重要价值，不能“在线”的数据是没有价值的。

每个城市的路网都是一条接着一条道路修建起来的，一座建成的城市究竟有多少条道路是有数据的往往是未知的。美国纽约就索性为每一条道路进行了数字化，“方位 + 数字 + 街（道）”就是该条道路的名称（图 5-1），这样一来，路网数据就成了所有交通出行者可以掌握并使用的数据，且使用

图 5-1　纽约市街道名称的数字化

起来非常便捷。那么中国的城市呢？一定没有几个人能够知道自己所在的这座城市究竟有多少条道路，各条道路的各类数据也一定是长期“躺”在各个规划设计院档案室的图纸里。

在公路体系中，我国已经将高速公路、国道、省道、县道都进行了数字化编排。通过数字化方法明确某一条道路的零公里起点和终点，然后再按照连续的里程给出桩号和里程碑。这样，整个公路路网的数字化工程就建立起来了，公路上的运行、作业、信息采集，都使用统一的可信的数据。

谈智慧道路交通，就必须谈数据运算。智能的道路交通设施是功能型的，智慧的道路交通运行是思维型的。面向智慧道路交通的数据是多元的，它包括人、车、路、环境气象和物体等，以及包括它们以数字、文字、图像、声音、场景等形式的多样展现。

道路交通全场景数字在线是数据运算的基础。

这里着重讲两方面数字在线的应用：一是道路交通安全管理；二是道路交通拥堵治理。

应用一：道路交通安全管理。安全是相对的，风险是绝对的，事故是可以预防的，如果能够本着这个原则去设计道路交通安全管理工作的路径和方法，那么就可以事半功倍。

道路交通事故发生的风险总是存在的，人、车、路、环境在运行中都是处于风险状态，也可以把风险状态划分为不同的等级。风险等级越高，发生事故的概率也就越高。不同因素的高等级风险叠加到一起会形成更大概率的交通事故。从这个思路去认识，把道路交通安全风险等级降低，也就是降低了交通事故发生的概率，可以将其理解为道路交通安全管理工作的捷径。

按人、车、路、环境分别识别风险并构建数字化风险模型，对应进行风险等级的划分。假设划定为 10 个风险等级，那么通过过往的交通事故数据，可以把事故多发的人、车、路、环境分别定义为 10 级；也可以将存在较高风险的人、车、路、环境分别定义为 9 级，以此类推。同样，对于各个要素对象的特征也应当用数字的形式表现其风险系数。不同驾龄、年龄、性别的驾驶人的风险系数是多少，不同型号、年代、用途的车辆的风险系数是多少，有着不同视距、坡度、线形的路段的风险系数是多少，环境中不同的障碍物、隐患设施、气象条件对应的风险系数又是多少，等等。当确定了所有要素的风险系数之后，将它们汇总到互联网上并实时在线，当不同的数据叠加到一起的时候，就会构成不同等级的风险。对于道路交通安全管理工作者而言，只需不断地采取有效措施，去做降低风险等级的事情，就一定会收到安全成效。让全要素数字在线，也可以实时预测到风险状态，提前采取预防性措施。

高德地图在交通安全风险方面做了一件事，就是大数据透析，通过行驶中车辆的急转向、急制动、急加油门和持续超速度，判别出同时具备“三急一速”特征的路段存在极高的交通事故风险。在陕西安康京昆高速“8·10”特别重大道路交通事故发生之后，高德地图调取了秦岭一号隧道到三号隧道由南向北较长时间段的行车数据，得出的结论是该路段完全具有“三急一速”高风险表象，即典型的多种数据在线叠加到一起，形成了对高风险路段的精准判别。

应用二：道路交通拥堵治理。我们已经有非常多的文章对道路交通拥堵形成原因做出了论述论断，问题的原因就在那里，却久久得不到改善，以至于问题长期积累导致恶化。通常，若能够清晰地梳理出原因，就一定有解决的办法。只是，当造成拥堵的数种原因相互呈“孤岛”状态存在时，那也就等于混沌无解。前文提到过交通流形同河道的水流，现代水利工程发挥最重要的作用莫过于河流上下游之间的闸门和警戒水位标记，当下游的水位超过警戒线时，用闸门调节上游的容量和下游的流量，从而实现水利需求、水流态势的均衡。那么对于交通流呢？有闸门吗？似乎是没有的。即便下游道路交通量已经超饱和，上游的车辆依旧源源不断地驶入。试想一下，如果把下游道路的负荷能力与交通流数据叠加的结果给到上游车辆，对上游车辆而言就不难去做新的路径规划。互联网公司正在做这件事情，把路网交通流数据和路径规划给到车辆驾驶人。只是车辆驾驶人在机械地依赖于导航给出的新的、统一的路径，如此又会出现“导航堵”问题。

导航仅仅是人工驾驶的一种辅助工具，驾驶人应当以时刻安全操纵车辆、提前熟知路径路况为驾驶任务，通过手机使用导航还会导致分心驾驶。导航是制造了拥堵，还是缓解了拥堵，长期以来一直是一项争议，但是导航产生的多种交通流、交通行为数据有着巨大的应用价值。

交通信号（标志标线信号灯）是法定的设施，车辆驾驶人理应也必须服从交通信号，但是互联网公司的数据与交通信号之间的关联度却是极低的，至少目前交通标志还处于几乎完全静态、孤立的状态。

道路断面与平面空间，路网整体空间，车辆行驶的流量与流速，交通标志的动态路径，红绿灯的动态配时，行人与非机动车的过街需求，道路使用者的决策与措施，这是一个连续的数据链。为了打通这个数据链，我们团队研究并着手实施了“面向区域路网、基于时空资源优化的三级交通信号诱导系统”。下面简述一下这个系统。

一、传统交通信号组织模式的痛点

提起交通信号，人们普遍联想到的是道路交叉口的信号灯（红绿灯），往往不会关联到同为“交通信号”的交通标志、标线、交警指挥手势。因此，许多城市在交通拥堵治理工作中，一味地在信号灯上做文章，绿波、配时、大脑、超脑，忙得不亦乐乎。实际呢？信号灯在整个道路交通组织中，仅仅是一个后来者，它根本不如交警的指挥手势、交通标志、标线这三种“交通信号”更加前置和重要。一个平面道路交叉口是否需要设置信号灯，取决于交通流量、通行冲突是否达到需求，而并非是必须的。对于设置了信号灯的交叉口或路网，信号灯无疑是阻断、影响交通流的一种障碍，通过“时间”上的优化配置可以最低程度地减轻影响，但作用仅仅局限于“时间”优化。想要真正缓解拥堵，应当在“调度交通流、规划通行路径、优化道路平面空间”方面去做研究并且真正落地，也就是“空间”优化。

三级交通信号诱导的出现，其本质思路是在“时间”与“空间”两个要素上做同步优化，把“交通标志、标线、信号灯”这三种物理交通信号设施组织联系到一起，借由通信、传感、数据融合等手段，让物理工具真正替代人（交警指挥手势），也就相当于人工智能在交通工程中的应用落地。

二、三级交通信号诱导系统方案

系统组件：C-V2X RSU 双模路侧单元 +I2V 时空同步面板显示指路标志 +I2V 面板显示可变车道标志 + 可变车道标线 + 信号灯及其控制 + 气象监测站 + 加密计算平台。图 5-2 为三级交通信号诱导系统布设图。

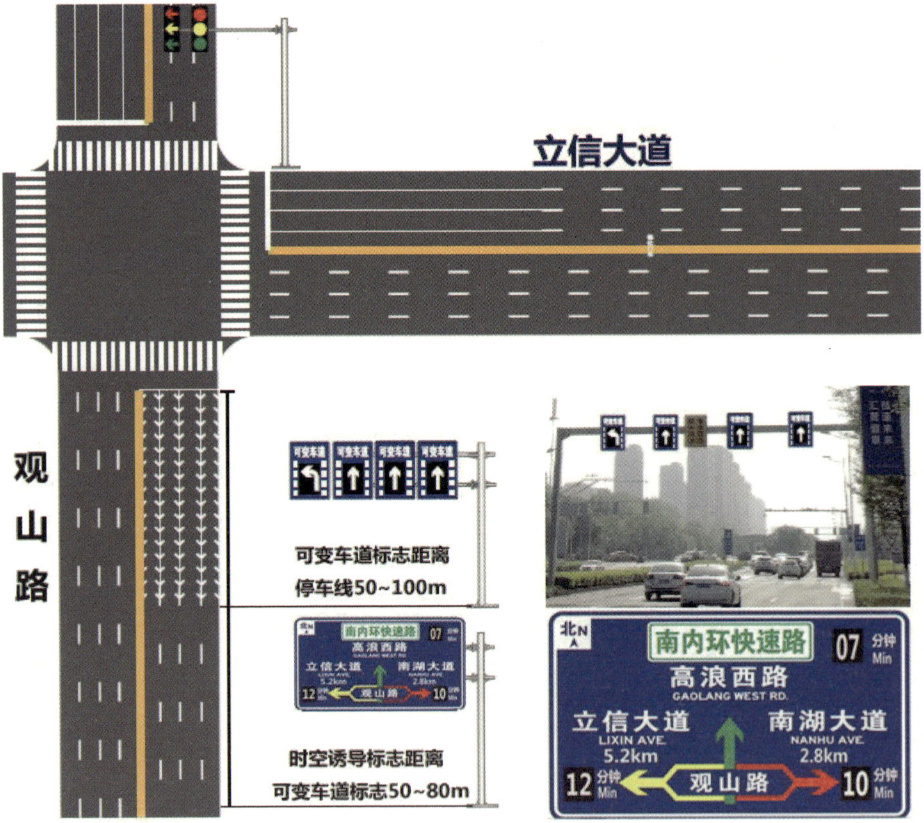

图 5-2 三级交通信号诱导系统布设图

三级交通信号诱导系统工作原理：第一级是传统的静态信息指路标志升级为数字时间显示、可变 LED 光带且文字图形发出清晰光色的时空同步发光指路标志；第二级是传统的固化车道指示标志升级为动态可变的 LED 发光标志（车道数的一半以上可变），对应车道的地面施画无箭头的可变车道标志线；第三级是红绿灯。

首先，高德地图等互联网平台会通过行驶中的车辆终端获取路网的多种实时交通流数据，经云平台数学加密运算，将从出发地至目的地所需的时间在第一级的指路标志数字化时间发布显示，光带式 LED 像素屏同步给出绿色（畅通）、黄色（缓行）、红色（拥堵）指示信息。

其次，第二级的车道标志也会根据云平台下发的下游相应路段的交通流数据，选择性地变换车道指示箭头，进行车道空间资源的优化分配。其调节交通流的作用也相当于河流上下游之间的闸门。

前面两级的标志信息内容会数字化经由路侧 RSU 通信设备向车辆 OBU 下发指令，也因为其特有的道路断面气象监测与面板显示发光技术系统集成，可以向人工驾驶车辆提供恶劣天气等情况下全天候环境中的最佳远距离视认。

最后，第三级的红绿灯与第二级的车道标志之间经过数据同步交互，结合智能监测所获得的行人与非机动车过街数据，做出相应匹配的时间优化策略并执行，红绿灯的数据信息也经由 RSU 设备下发至车辆 OBU。

在整个三级交通信号诱导系统运行过程中，交通流、交通信号（标志与红绿灯）、道路与路网空间、行进车辆、行人、非机动车之间建立起区域空间范围内的交互传输，借助加密运算形成共识机制的相互协调、协同，从而达成安全、高效的运行目标（图 5-3）。由于全部数据链的形成与使用，在云平台存储和运算，均经由 RSU 设备传输和下发，是安全可信的。“区块链”三级交通信号诱导的逻辑结构如图 5-4 所示。

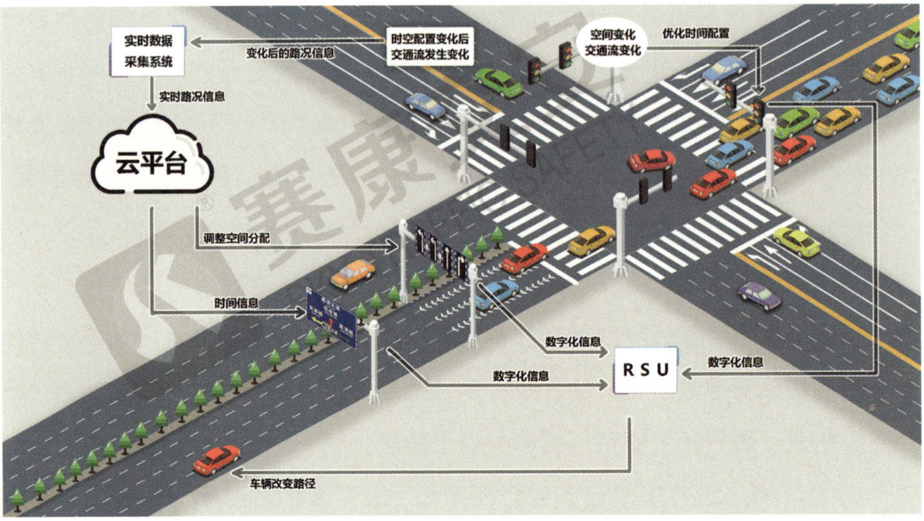

图 5-3 “区块链”三级交通信号诱导系统

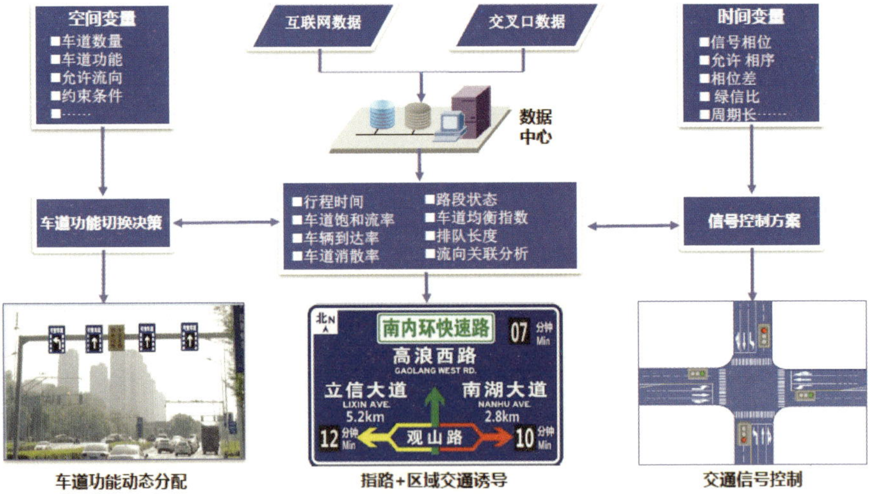

图 5-4 “区块链”三级交通信号诱导逻辑结构

三、三级交通信号诱导系统功能优势

本方案采用时空一体协同优化思想，将区域交通诱导、车道功能动态控制和基于通行能力的时间分配集成于一个系统。在宏观层面结合指路标志发布诱导信息，主动引导驾驶人进行路径选择，以平衡交通压力。在中微观层面，将车道数量、车道功能、允许流向等空间变量与信号控制的绿信比、相序、相位差等时间变量相结合，实现时空一体的优化控制。

无论是基于时间的信号控制方案，还是基于空间的车道功能管理，其控制变量都是单位时间内通过的交通流量。本方案突破了传统的时间和空间隔离的设计和控制方法，将交叉口本地数据和互联数据纳入同一个系统内进行计算，将时间变量和空间变量纳入同一个系统内综合考量。在保证交叉口内车辆高效通行的同时，考虑节点与节点的协调性、节点与路段的相容性，既有基于宏观的主动交通管理，也有中微观的时空一体化协同控制。

本方案是切实可行且相对经济的方案，不仅可以轻松、快速地应对交通需求的日常波动，也可以应对各种交通事件、大型活动、勤务管理和各种场景。

本方案得到了多位国际知名交通信号、交通组织领域权威专家的论证和支持，在示范实验中，应用新一代前沿科技实现数据融合、路径规划，被验证为切实可行。可以预见，采用本方案将对城市的交通拥堵起到极大的缓解作用。

实质上，“面向区域路网、基于时空资源优化的三级交通信号诱导系统”是前文提到的“区块链交通”的一种落地方案。本书写到这里，为了验证我的研究是可行的、正确的，我在查阅资料学习过程中阅读了《区块链交通：开创未来交通新格局》一书（人民邮电出版社，作者：赵光辉、朱谷生），进一步印证了我解决交通拥堵问题的思维路径与目标，也坚定了我投入人力、财力去启动这一研发项目的决心。

从上面道路交通安全管理和道路交通拥堵治理两个方面的数字应用可以看出，采集多种数据用于同一个运算平台就可以让道路交通运行中的各个要素相互感知、相互协同。全场景数据又远远不止上面两个方面应用所涉及的内容。

让我们一起启动思维空间去看看有哪些数据，它们又有怎样的价值。

停车场。车位已用和可用的数据可以与周边道路上正在运行的车辆对停放的需求之间建立精准联系；周边道路通行状态的数据可以给到出场车辆以提前规划行驶路径。

航空。即将出行和到达的旅客数量，未来天气是否适合飞机起降，空中管制等都是城市与机场之间通道以及周边路网交通流的一个影响因子。

铁路。即将出行旅客的分布与时间数据会对车站周边路网形成交通流预测，即将到达旅客的数量也可以是公共交通配置率的一个决策依据。

旅游景点及商业、文化、娱乐场所。基于相对变化存在规律又是实时的客流量数据，以及客流往返的分布数据，这些必然对道路网交通运行产生影响。

城市公交、长途客运、危化品车辆。其运行时间、人员、位置等数据可以为交通安全风险提供及时可掌控信息。

实时的道路占道作业与事件数据具有不同属性、不同需求、不同主体的特征，往往是严重影响交通流正常运行的关键因素。这些数据信息需要向周边道路的行驶车辆同步播报，这也是交通管理者指挥调度的情报。

可以说，与道路交通相关且有价值的数据实在是太多了。

近年来城市交通的"小脑、大脑、超脑"也就大致如此，构建一个城市级的一级大数据决策平台（图 5-5），把道路交通出行环境中的全场景数据尽可能多地接入，在线、叠加、运算，决策机制由此产生，车路协同也由此生成。这里要说明的是，一级大数据决策平台不同于传统的交通指挥中心，平台是把大量数据生成方案的一个运算机器，是去中心化的。

图 5-5　一级大数据决策平台

第6章 全产业闭环运行

产业生态、产业闭环有多么重要？我时常慨叹中国的小家电产业有着数以万计的小微企业，却没有出现一个诸如飞利浦的龙头品牌。我在《交通安全新认知——一个交通创客的思考》一书的前言中写道："真正让交通工程技术落地的末端是企业，可以说，没有实干的企业就无法让交通管理者意志完美地落地。交通管理者的智囊团中，理应有企业尤其是民营企业的一席之地。世界上那些经济强大、发达的国家，无不拥有创新力极强的企业。中国政府领导人出国访问，会有很多企业家随团参与经济合作。交通管理工作中的管理、建设、咨询、规划、设计、工程、制造、监理、养护等都是产业链中的一个节点，任何一个节点上的企业做不好事情，都会掉链子。产业链中各种各样的企业不应该因是上游或下游而产生轻重与否，都是重要的一个节点。交通管理者更应重视产业链的闭环，为实现共同的目标而统一步调。"

新一代通信技术条件下，智能网联汽车、无人驾驶汽车要上路行驶，5G车联网带来的必定是一个全新的智慧道路交通产业新生态。2019首届智能网联路侧设施产业生态大会暨第二届中国道路交通安全智库大会上，我对于新的产业生态发展发表了如下观点。

时代的变化，随处可以发现。前两年我们还在感叹路边卖红薯的大爷们都已经用上二维码了，而现在他们已经在刷抖音了。我家70岁老母亲有时抱怨我，她都已经用视频了，为什么我不用视频跟她互动说说话。以道路交通安全的名义去做智能网联的一个初衷就是中国的道路交通安全现状不容乐观。刚刚几位专家也说出了对交通安全事业的愿景计划，我长期在拼命呼吁交通安全，国家“有难”，匹夫有责，我认这个理。原来我们都认为交通安全这件事可能跟民营企业、普通民众关系不大。事实呢？即便国家有再多政策与战略的顶层设计，再多发展规划，如果产业基础不做实，政策与战略同样落不了地。

在交通安全事业这条路上，我为之奋斗并纠结了十几年时间。我常常会通过微信朋友圈分享我的观点与纠结。我最早是从反光膜做到交通标志板，然后研究交通安全。期间我遇到了非常多的困难，不断地去攻克和解决。直到后来，大家认可了我们赛康交安做交通安全这项事业，包括发起中国道路交通安全智库这件事情也都比较顺利。现在我觉得谈产业的基础是比较“实”的时候了，今天这个大会是我近四年来的第四场以交通安全设施为主题的大会。我觉得此次大会比前面三场要更务实一些，务实在哪？就是现在整个的环境、空间、战略、政策、技术都接地气。最好的一点是，新技术工具的应用已经真正地到来了。为什么现在老百姓对交通环境状态不满意？因为人和车已经是在科技文明社会迈向21世纪20年代，但是路上的交通设施还处于20世纪90年代的状态。

我的研究偏向于产业化方面会比较细一点，在此我再把过去反复讲过的内容提出来。我们看一下当前道路交通管理对交通标志标线信号灯的功能性定义：明确交通行为规范，体现道路交通安全法则效力，调节道路交通流量和提高通行能力，降低交通事故发生率，保障交通安全畅通，是交通参与者无时无刻必不可少的信息和安全工具，是用图形、符号、颜色和文字向交通参与者传递特定信息的交通管理设施。从这个定义上来说，我们再看一看现在的交通标志标线能不能满足这样的功能，这是值得反思的问题。同时，我们在道路交通安全法里有明确定义，交通信号灯、交通标志、标线和警察手势共同组成了交通信号。我并不想抨击中国现在的交通信号控制技术与应用。有领导也经常批评我，说我不要总是抓着存在的问题不放。但是有一点，对于基础性的东西，我非常同意刚才一位专家说的，如果老百姓连道路上的规则都不知道，都不知道怎么走，我们谈智能驾驶、无人驾驶就是空洞的。

我们必须要谈谈基础，究竟要怎样满足它？我在后来研究交通标志的时候发现，交通标志不仅仅要满足安全，还要满足信息和交通流调度等很多功能。最后发现为什么用了四十年时间解决不了这块交通标志、标线和交通信号灯的问题呢？标志、标线、信号灯、护栏、减速防撞，还有照明设施，看似简单，但是它们跟户外广告设施是完全不一样的，因为在交通工程里面，我们有视距、时间、空间和速度的关系，这样它就变得十分复杂。

那么是不是我们的技术不断发展，就一定要去颠覆什么才算是新技术呢？不是这样的。一直以来，“互联网 +”这个概念其实误导了很多人。最早提“互联网 +”的时候，我发现很多企业老板认为建个网站，把产品在网上卖，通过互联网把大家聚到一起就是“互联网 +”。错了，“互联网 +”中的“+”是什么？其实就是“电网 +”，我们有了电之后，冰箱、洗衣机、直流电、交流电、低压电、高压电，不同的电，很多东西都在应用电网。“互联网 +”是要做互联网的应用，不是简单地建一个网站，把大家拉到一起都在网上，那就“互联网 +”了，更不是把产品通过互联网销售就是“互联网 +”了。“互联网 +”是要实现产品设备的全面应用。手机因为有了互联网变得更智能，可以实现各种应用，现在我们的车，未来包括路侧所有设施，包括家用电器也会进入互联网应用时代。

这里做个总结，电要驱动人类，LED 要点亮全球，网要万物互联，这些是不可逆的技术发展趋势。我在交通安全事业的纠结过程中，随着所做的研究越来越多，我发现我们的国家战略非常伟大。我国在 2015 年的时候提出了《中国制造 2025》，其中明确提出一个具体目标：普通公路效率提升 80%，交通安全事故降低80%和死亡减少90%。距离这个目标现在还有六年时间，我们要为之努力。我现在经常在公司内部讲，我们要集中火力去炸开一个洞口，要把智能网联路侧设施这件事情做成功。传统的车要上路，燃油车时代要设加油站，电动车时代要设充电桩，现在很多智能网联汽车包括百度、沃尔沃、奔驰都在喊，说路上要提供通信，路上所有沿线设施要在线运营，车要感知一切，路要给予一切感知。那么这个时候我就在想，我们现在的技术，很多技术，万物互联网，包括5G、大数据、云计算这些技术怎么应用，让车辆主动，车辆和道路交互，道路也能变得主动，这有没有可能？这就是当下我致力思考和研究的。

下面我简单做一下技术研究的分享，当然这个也不是我创造的。LTE-V2X其实就是一个通信交互，这里不详说。我还是以我研究的具体到交通标志，其实交通标志最早只是一块“板”，然后逐渐发展到信息功能化，之后会向着数字化、虚拟的感知发展，我们认为是这样的技术路径。讲到交通标志数字化，禁令和指示标志，这块一直是滞后的。由于交通标志不能跟人与车同步互动，导致一些行为场景经常受到干扰，进而发生各种事故。刚刚过去的五一小长假高速公路上又发生了很多拥堵事件，有的拥堵路段长达十公里。现在是智能时代，数据这么发达了，为什么路上还会堵呢？其实都与整个交通标志包括路侧管控设施有关，路径优化缺位。我经常说在南京堵不住我。我们现在同一个时间点，到同一个目的地，绝大多数开的导航是同一个路径。其实南京这40年以来已经建成了非常好的路网体系，在这个路网当中有很多可选择路径，但驾驶人还是不敢开，不知道怎么用。刚刚跟生态合作签约中有一个课题叫“基于交通管理的武汉市道路工程规划设计研究”。为什么要基于交通管理？因为40年来，到现在为止，我们的道路交通工程建设还是在建设思维时代，没有到管理思维时代。道路建设的时候是一段路、一个立交、一个点一个点地去建，到了管理阶段我们发现全部都要打通连接。然后，交警部门在路上不断地改牌子或增加牌子，百度地图、高德地图在路上采集数据，但采集的数据很多是错的、不科学的。这些都要通过智能网联去改变。

在这里分享一下智能网联路侧设施可以做到什么。

在萧山机场，一出门之后到钱塘江三桥，高速公路沿线已经全部架满了5G 基站。2019 年 7 月“新国门第一路”S3501 通车之后，北京大兴机场高速全程应用全感全视、智能网联、车路协同技术，这条路在路侧设施领域能够代表全世界绝对先进水平。

城市道路可以做到什么呢？刚刚我们公司跟东南大学签了一个协议，叫“基于时空资源优化的三级交通信号诱导仿真平台研究”。其实每一个道路交叉口都有三级信号：第一级信号是指路牌，这块指路牌可以显示其上游和下游几个方向所有拥堵指数和状况，交通管制需求等，这种时空同步指路牌在贵阳已经装了 100 多套；第二级信号就是距离交叉口一百米左右的位置有一组车道标志，它的作用是分配道路平面空间资源，以前如果有一个四车道，365 天 24 小时，家门口的道路会 20 年如一日被固化掉，其实这个道路空间资源根据上下游交通流量是有优化可能的；第三级信号是交通信号灯，交通信号灯可以根据整个路网交通流量和配置与标志做一个互动策略，给出科学的时间分配。在我们做的一个仿真模拟视频里，可以看到上下游左右方各方面交通流量状态，到了第二级的时候，通过车道标志可以分配道路空间资源，其实这是一个整体路网优化，到第三级的时候，通过交通信号灯做时间优化。

在普通公路和城市道路方面，我们现在的技术有很多可以应用，比如说道路沿线每一个交叉口，每一个风险点，每一个山体和树木都是风险点。交通安全始终处于一个风险状态。一块石头或一个坑是一个隐患，可以被消除，但风险状态不可以消除，只可以降低，降低风险是最好的办法。道路处于被动时代的时候，总是让我们在行车过程中去识别道路风险，到了道路主动时代的时候，我们可以让道路风险主动告知我们。比如说交叉口碰撞预警，交通信号感知与行车管理，弯道提醒和减速，超车碰撞，排队等风险信息都可以变得主动。

关于智慧道路养护作业，我们原来有很多标准。在高速公路上施工作业，规定在前方300米、500米的位置摆警告牌。过去这些规定是靠人工去实现的，经常做不到或做不好，导致道路养护引发的交通事故非常多。现在有了主动预警之后，施工标志和交通锥桶都可以通过信息感知与互联网传播，实现定时、定员、定位、定量和定线。

将来智能网联还会对一个行业有颠覆性的影响，这会与交通规划设计院密切相关。未来整个道路交通工程方案在管理系统内是系统性可规划、可设计、可推送的。比如高德地图的数据可以反馈车辆行驶的"三急一速"，可以知道安全风险状态在哪里，风险情况怎么样，需不需要改善。在韩国，全国所有指路标志在一张网上进行规划、设计、管理，再派工实现，它的信息向所有车辆推送。这种系统工程可能很快在中国也会运用到，当然做这个顶层决策的事情还需要交通管理部门给予大力的政策支持。我觉得未来的交通规划设计应当立足于数据化应用，通过数据研判交通状态与趋势，进行方案决策。

每一起道路交通事故的背后，小到一个家庭，大到一个社会，都是巨大的损失。基于这个原因，我非常坚定地要投身于道路交通安全事业。从我本人和赛康公司来说，我们从经济效益出发是不足以有那么大的能力去做这么大的事情的，但是我们依旧在交通安全事业上持续着巨大的付出。我曾经一直埋怨，中国的道路交通安全问题从上到下的战略、政策、抓手不力，后来我发现不管是公路安全生命防护工程，还是安全生产监督改革30条意见，包括2018年年底把交通安全写入中央经济工作会议，公安部、交通运输部、工业和信息化部大量关于道路交通安全工作的政策出台，形成了交通安全的投入其实不差钱的现状。我印象中最疯狂的是2017年，据说北方某省号称一年两千亿元投进公路安全生命防护工程。但是实际情况并不乐观。我在2018年年初完成该省某经济发达城市的国省道和高速公路交通安全评价体系的时候，发现该市每百公里国省道和高速公路，事故死亡人数的数字非常惊人，每百公里每年约有20人死亡，甚至有的道路年交通事故死亡百公里超过20人。这些问题是不是上层的问题呢？后来我发现或许不是上层的问题。

上层的政策都有了，但是底层的产业基础太薄弱，薄弱到什么程度？

交通安全设施其实与我们户外环境的一些市政设施有极高的相似度。比如说，交通标志与户外广告行业非常接近，但是技术落后于户外广告行业超过十五年。在我研究主动发光交通标志的时候，竟然有人用导光板去做发光标志，对户内与户外的使用寿命根本没有概念，他们觉得只要发光了、亮了就行了。

竟然还有专家将蓄光膜应用于隧道的交通标志，说能够自发光实现主动安全。要知道，蓄光就是吸收明亮的光线，黑暗的时候再释放出光。请问车灯照上去的时候光还怎么释放，光一定是被吸收掉了，标志就黑乎乎的了，最基本的道理都没搞清楚却偏要去做无知的尝试。

还有，近两年我听到有人说这个行业的交通标志创新了，反光膜可以用一种“电刻膜”，简直是太低端了！电刻膜是我 20 年前在户外广告材料行业就遇到过的东西，就是在正常白色的反光膜上面增加一层有颜色的透明膜，然后通过透明颜色膜的阴刻来制成底板和文字图形，可以节约一层反光膜。这能叫技术创新吗？在户外广告材料行业，这全部都是 15 年甚至 20 年前的技术了，结果还在忽悠高价卖出电刻膜设备，反正交通安全设施这个行业大把的非民营企业，可以任性地花钱。

为什么我们这个行业这么低端？比家装行业还要落后超过十年。家装行业任何一个设计师到家里之后，每一个角落，每一个柱子，所有的宽度，整个的面积、立体空间，第一时间要建立数字化。家里所有需求，经济、人口、配置，也要建立数字化。然后才能给你设计家居。但是道路交通工程行业的设计呢？很多设计，连空间、逻辑、方位概念都还没有，就是死搬硬套技术标准，更不要说数字化了。

我们这个行业基础弱的原因是什么？我觉得还是这个行业相对来说起步的时候是一个关系型行业，这个行业真正的受益者是老百姓，但是付费的人不是老百姓，而是政府。这就导致了这个行业绝大部分企业是围着工程项目转的，当然也有思进取的，但是不知道怎么思进取。这就是产业的现状。

我再分享一下自己为什么要去做这么多事情。

其实主动发光标志这个产品不是我创造的。最早的时候，2005年前后就有人将LED装置用于反光标志板上了。我觉得，是因为电出现了，很多家用电器有了；因为LED出现了，照明变得更亮更低能耗了；因为互联网出现了，手机变得智能了。但是，电网形成了这么多年，一块本应功能化的道路交通标志却接不上电，始终就是一块不符合功能需求的“板”。这在其他行业是不可思议的事，但在交通行业它就真实地发生了。

在主动发光交通标志的研究、开发、应用与推广过程中，我发现道路交通安全设施这个行业已经完全“毁掉”了。

首先“毁掉”的是交通信号灯。全国到现在为止几乎没有一处在用的交通信号灯称得上是合格的，原因有三：第一，它没有视认性研究，作为一个道路使用者，尤其是非机动车和行人，看到信号灯的时候，不同的人不同的角度看到的颜色和形状可能是不一样的。第二，信号灯应当有电器设备安全认证，目前却都没有。第三，交通信号灯往小说是交通安全，往大说它其实是城市安全。整个城市的交通信号灯，作为道路交通的战略性安全控制系统，理应综合性全盘规划。一个城市内本应统一决策调度的交通信号控制系统，在很多城市竟然能够由三家、五家，甚至十多家品牌各自承担，这是不对的。

再说被“毁掉”的交通标线。2018年“3·15”晚会上把交通标线质量问题进行了曝光。到现在为止，我国的交通标线从原材料到生产、施工、使用这一全过程存在各种危害，即危害环境、危害健康、危害社会。为什么这样说？因为热熔涂料中含有二甲苯以及其他不可降解物质，它们被涂在几乎所有道路上。

传统的交通标志也基本被“毁掉”了。比如说2018年开始推出的规范《国家公路网标志调整改造指南》，在当下信息化的时代，全中国道路网已经基本形成的时代，这样一部国家级的规范，它在研究怎么省钱，在琢磨如何把某块标志上需要换掉的旧的文字图形撕掉，重新贴一块新的反光膜上去，而不是研究如何实现信息化、联网化、智能化。从强制性国家标准角度上说，《道路交通标志》（GB 5768.2）规定了交通标志反光膜的逆反射性能及使用寿命，根本就不可以在旧的标志上去部分更换文字图形。结果呢？在如今信息化时代不去好好研究信息化，还只是停留在研究那块“板”上。

产品的品质是什么？应该怎么去做？

在我做这块发光标志的时候，我对品质的认知太深了。我遇到过太多的问题，比如说防水质量的问题。我们的研发人员一度告诉我，发光标志的质量非常好了。我说好在哪儿，他说，你看我把发光标志扔在水池里泡了三天三夜拿出来还亮着。我回答说，不错，是亮着，但是为什么产品装上去之后会有因防水导致的故障呢。这些年我们公司研发费用花费五千多万，当中也走了很多弯路，就是因为我不懂怎么做产品，不是一个产业工人出身。我最痛苦的时候，记得有一次高温天气，一批价值 400 多万的主动发光交通标志在半个多月的时间里全部坏掉。交通标志有个痛点，即路上不可以一分钟没有指路牌，我们只能在工厂里重新做一批去换掉，拆下来的只能报废。后来我对研发人员说，防水实验改用加速老化实验，在盐雾高低温加速老化的实验环境里，用十年的使用寿命周期倒推测算，需要用三个月还是六个月时间去做加速老化。加速老化做完了之后，把发光标志再扔到水里，如果扔水里还能亮上数天数夜，我就认为防水质量过关了。这就是做产品、做品质，这样做下来之后，质量就能够控制住了，就能够满足户外环境使用寿命的要求了。

但是如果所有企业都这样做产品，成本肯定高。我之前到一家企业考察学习，这家企业号称是声屏障全国排名前三。我告诉这家企业的老板，我说你不是做声屏障的企业，你是金属构件加工厂，最后这位老板同意了我的说法。为什么同意？因为如果你是声屏障企业，你至少要知道你的声屏障场景，场景中的噪声来源、噪声大小，安装的声屏障在公路边上，旁边是 20 层楼、30 层楼还是 8 层楼，距离 550 米、800 米还是 1000 米，隔音效果怎么样？处理了多少噪声？这些都是需要研究的。如果你只是根据设计院的图纸加工出了产品，那你的产品是没有生命力的。据我不完全了解，研究声屏障的设计院的设计很多也很糟糕，大概反正亚克力 3.0 厚度的肯定比 2.0 厚度的隔音好，金属的肯定没有亚克力隔音好，金属的开个槽可能隔音就更好，所有这些都是大概，而不是真正去做产品研究。

在产品思维和工程思维方面，中国企业的产品思维大多非常落后，当然也有好的企业不断出现，比如我经常推崇的公牛品牌面板开关与插座，一个常见的小产品一年做到大几十个亿的销售额，做的就是品质与口碑。

但是我们经常对做好一个产品不屑一顾，比如交通标志。我有一次跟行业内一位资深专家沟通，当时非常开心，他说交通标志在路上需要被全天候看见，是必需的，这个没有争议。但是之前大家一直在争议，难道真的交通标志不需要被全天候环境内视认吗？后来我研究发现，交通标志为什么在能见度范围内不能被看见。在交通安全环境当中，按理说，30 米距离如果是一个正常能见度，30 米内的物体应该能看到，然而为什么交通标志在打了车灯之后却看不到，是因为雾霾和雨天，水汽颗粒，车灯一照上去产生漫反射，交通标志就看不见了。这些最基本的物理原理在交通工程安全领域具体做的时候却非常欠缺。我后来解决了很多问题，在解决发光标志整个应用推广过程当中，又发现一开始因为没有相关行业标准，所见不能把想法设计进产品中，之后有了标准却又有人说，标准里面是“宜”使用，不是“应”使用。我记得接触汽车牌照反光膜的时候，汽车牌照领域最早在 2007 年修订行业标准的时候，当时推广反光膜。就有地方交警提出，说汽车牌照为什么一定要用反光膜。于是专家们妥协了，就因为一句话，当时那个汽车牌照行业标准就明确为“宜”使用反光膜，同时允许铁皮油漆工艺。这就是我们的整个认知过程。发光标志到现在为止，我们企业目前每年实现的合同额，已经可以达到一个多亿了。但是明明它好，我们在推广应用中却仍然遇到了很多困难。

还有很多企业是这样的思路，这个产品或者这个产业会不会毁掉一个行业，与他没有多大关系，与他有关系的是企业做这个项目能不能挣钱。我们公司曾经就遇到过这样的问题，还是拿主动发光标志来说，本来正常成本加上利润应该可以挣钱，比如应该卖 1000 元，竞争者可能会报价 800 元。其实他 800 元的自信是什么呢？我非常清楚，第一他不需要像我们一样和同济大学、交通运输部公路院、东南大学以及多个科研机构分别去做研究开发。那些有关应用效果的研究工作不去做，自然就没有成本。第二把我们已经开发成功的产品拿过去就照着做是比较容易的。第三不顾及关键技术指标，比如 LED 色温应该是多少，角度应该多少，使用寿命多少年内会不会坏等，这些似乎与他也没有多大关系。要知道，一颗 LED 有一元钱的，也有一分钱的。只要买便宜的原材料，成本就可以降低。

我曾去美国一个很大规模的交通安全设施公司考察学习，他们告诉我，向中国进口交通锥的时候，只能进口锥身或者锥套，或者锥底座，到美国再把各部件组装起来，然后必须通过全过程的质量安全检测与认证，不通过认证是不能上路使用的。因为交通锥这个产品不仅仅在使用当中要满足功能性安全要求，还涉及产品本身的品质安全。

路侧设施遇到的产业问题促使我发起成立了产业研究院。最初产业研究院的发展走了一段错路，研究院不仅做设计咨询，还做交通安全评价，也做标准化研究。后来我迅速调整了经营策略。产业研究院就应当是帮助行业内所有企业解决研究、研发、推广应用过程中遇到的各种问题，应当做成一个全产业链的平台，解决企业的问题，比如你是否需要制定标准，如何去做检测认证，如何提高推广能力，等等。我们要去搭建平台，解决应用问题，才是产业研究院真正该做的事情。一个行业如果没有“娘家”又没有“婆家”的话是非常可怕的，没有人会过问你的冷热。

李克强总理曾说，制造业要反思如何把圆珠笔芯造出来。我认为造不出来不仅仅是技术问题，还有荣誉问题，每个人都会有精神和物质诉求，当我们一定能诉求到物质的时候我们可以忽略精神，当我们物质有可能获得、又有可能获得不到的时候，我们就会去考虑精神层面的东西。大量传统的研究基础性交通安全设施的企业，他们不能够与研究高科技导弹、火箭那样的研究机构比拟“高大上”，他们是不是就对这个国家、对这个社会没有贡献了呢？答案肯定不是。我认为各行业的科学技术奖要针对基础性的最底层的研究，给予一定的推广支持，报批科学技术奖，给予多层次的社会肯定。

现在我们要把全行业聚集起来。我们现在发起智能网联路侧设施产业生态，如果我没有去做这件事的话，可能这件事情还要停留在通过百度、华为、滴滴、工业和信息化部部长等呼吁要把红绿灯、交通标志连上网。要把路侧的设施改变，能变得掉吗？若没有产业的基础支撑是不可能实现的。这其中有很多误区，所有的交通工程法律法规的体系研究，都要有场景实现。老百姓不可能都抱着法律、抱着标准去学，老百姓只需要到一个交叉口之后，根据看到的标志标线，知道应该怎么走、怎么走才安全，这才是要设计落地的结果。

寄希望于智能网联时代的到来，一个新技术的出现，新产业的出现，可以从底层把我们的交通事故、拥堵、污染三大问题解决掉。原来我们讨论自行车和电动车要不要上牌照，试想一下，没有二代身份证，我们今天还搞什么视频识别、人工智能、监控管理。如果没有汽车牌照，我们还搞什么 ETC 全国收费联网无感支付。基础设施设备的身份信息数字化是一个最基本的工作。我们的道路有没有数字？有，设计院设计道路的时候都有数字，但是它们的数字是躺在档案里的，不能够形成“在线”的运行和交互。所有道路沿线路侧设施也没有进行数字化，在没有数字化的时候，去做高科技应用，能不能应用得起来？肯定应用不起来。我现在努力地推智能网联，我觉得只要智能网联这件事必须要做，数字化就是它的一个基础，并且使道路交通的场景全部科学合理。

今天的城市是由一个立交桥、一条路、一个小区、一个设施逐步建成的。建完以后整个路网形成了，包括全国高速公路路网也形成了，形成之后我们需不需要对它做一个系统的优化和调度呢？肯定需要。交通工程和交通安全必须讲国情。为什么要讲国情？美国社会的工业文明走过了约 200 年的历史，最近

50 年到 100 年以来，他们的公路网、城市道路网几乎是没有变化的。而我们国家呢？我们的打工者过一两年回家就发现找不到家了，路网都变了。美国在一个正常的环境中，一个路网体系运行了 10 年、20 年、30 年、50 年没有变化。而我们的路网结构几乎月月在变，所以我国的交通工程和交通安全必须讲国情。

我们现在谈智能网联，智能网联是什么？是 5G 时代的万物互联网的应用。我现在讲到生态，是不希望一个新的行业被传统的市场模式整个毁掉。车联网产业的到来，我们就会从方桌时代走到圆桌时代，合作共赢取代恶性竞争是必然趋势。

智能网联的产业生态来了之后，智慧交通领域会发生很多变化。5G 有宽带和窄带，宽带能实现双向通信，窄带能单向通信。每一个交叉口的风险点都是可以进行风险判别和数字化的，建立风险判别和数字化信息，然后通过互联网主动传递给车辆。这个行业在发生变化，很多高科技、互联网巨头都开展了智能网联路侧设施的开发研究。现在，企业开发一个产品、做一个基础研究，不再是过去一家单打独斗就可以的了，而是要多家企业去集成。

新的智能网联产业生态有下面几个层级：

第一个层级是路侧设施的信息运营商，他会把 5G 通信、大数据、互联网、高精路网、云计算、视频、激光雷达等大量技术集成起来，完成信息平台的搭建。

第二个层级是智能网联道路交通场景的规划设计，并不是说现在路上的指路牌体系都是错的，也不是简单地把数据采集起来汽车上路就能开了，所有的场景都要按照交通工程学、法律、标准的原则去科学规划设计。

第三个层级是项目运营，就是要在各地把现在整个智能网联技术落地应用。

第四个层级是高端制造与服务，其实制造行业是一个资本的洼地和规模的高地，制造业的竞争是赤裸裸的。我们路上标线涂料要用树脂，树脂材料如果到石油产地山东的东营采购，一定比在南京采购更便宜；如果树脂材料是到阿拉伯、中东去采购，一定比山东东营采购成本更低。如果一次性采购 1000 吨，一定比采购几十吨找经销商更便宜。制造业必须要有资本优势，制造业也必须是规模的高地。制造业如果不能形成产业规模的话，除非只做艺术加设计，但如果没有规模化效应，那也是做不大的，因为成本较高缺乏竞争力。

未来的智能网联，很多交通安全设施工程企业会转型为服务商。服务商是什么概念呢？就是能够把产品安装到道路路侧。需要成本精算，像家装行业一样，能够准确地了解一间这么大面积的房子，通过精准预算，知道需要多少公斤的腻子，需要多少工人、多少时间去施工，以及应该挣多少利润。

整个智能网联路侧设施产业生态就是由上面的各个层级组成的。

在新的环境下会遇到一个问题，就是未来我们做每一个项目、每一个产品都不再是一家去做了。比如近两年我们有很多新技术成果的招投标，要求高品质事前控制，现在业主都有这个意识，工程要做好就要事前质量控制，要保障整个运营的安全，就不再是哪个企业都有投标参与的资格。未来一定是一个生态，我用从方桌到圆桌时代做比喻。方桌是什么？是上家下家打麻将，以前交通规划是上家，交通设计是下家，交通建设再下家，然后供货、施工是建设的下家，上家和下家的关系基本都是上家吃下家。如果坐错了位置，碰到了不好的上家，那就惨了。但是未来的产业生态不会再是这个样子，未来一定是一个圆桌的时代，融合资源、集中力量去做成一件事，如图 6-1 所示。

图 6-1　圆桌式产业生态

新科技文明的时代已经来了，并且社会分工也已发生了很大的变化。我认为“退而求其次的转角却是到达目标的捷径”。为了集结一个产业联盟，我的公司加盟了归属于工业和信息化部主管的中国安全产业协会。目前，“5G+车联网”产业已由工业和信息化部牵头了，那么中国安全产业协会就明正言顺应该做智能网联跨界融合的事情了。

智能网联产业生态的时代到来了，但这个行业有弊端，也有好处。比如交通安全设施应用的受益者是老百姓，但是买单者却是政府。这个好处就是，项目如果预算是3000万元，你花2800万元、2900万元还是2000万元，这对项目业主来说只是一个数字概念，其实他并不希望预算3000万元你就只花掉2000万元，然后竞争者之间打得头破血流，又来告状，又是劣质产品，又产生一大堆问题。项目业主根本不希望这样，他希望的是产业生态建立得非常好，预算3000万元花掉，但要花得让老百姓满意，要有更高、更好的品质与服务满意度。

说这么多，我就是希望，也有一个寄托，我们这个行业能够达成一个高度共识，在新科技、新产品融入，生态新时代到来的时候，能够有一个非常良好的生态圈合作。我们江苏科创车联网产业研究院尽可能做更多的服务，做更多供给。当下我们已经搭起了一个全产业链的平台，能够为行业尽量多地解决一些问题、做成一些事情，尽管我们还只是一个民间的中国道路交通安全智库，但是这个民间智库在全产业链中已经不可或缺，也越来越举足轻重。

第 7 章 车联网、智慧交通、无人驾驶

“2019 首届智能网联路侧设施产业生态大会暨第二届中国道路交通安全智库大会”期间，不少精彩观点被提出来，现归纳总结如下。

一、LTE-V2X 车联网应用

2018 年在工业和信息化部、公安部的指导下，在无锡市政府的大力支持下，公安部交通管理科学研究所联合华为、中国移动等六家核心单位以及 10 多家车企，共同在无锡构建了基于 LTE-V2X 车联网车路协同的规模化验证测试环境。

无锡车联网验证环境有三大特点：

第一，公安智能化路侧设施信息实现最大限度开放。以往，公安的路侧智能化设施都是自用的，这次在无锡尝试了交通管控信息转为服务信息向社会开放，同时也推动了路侧智能化设施的规模化升级改造。

第二，规模化应用了现阶段最先进的基于 LTE-V2X 的通信技术，在整个示范区的核心区布设了一批路侧蜂窝直联通信设备 RSU，主要是中国移动和华为等一些通信企业共同实施的。

第三，吸引汇聚了大量车企参与验证和应用场景探索，国内外 10 多家主流车企、汽车电子智能终端企业，还有 TSP 运营平台、车生活出行服务主流企业参与。无锡车联网项目自 2018 年世界物联网博览会亮相之后，得到国内外尤其国内同行的极大关注。从 2018 年物博会到现在，基本上每周都有同行到无锡考察了解情况。无锡车联网项目还只是初步探索，在整个推进过程中，初步形成了车联网车路协同技术发展的路径，简单来说包括三个板块：一个板块是代表路侧智能化的，是整个公安交管或者说路侧的智能交通系统，既包括路侧前端，也有中心平台；第二个板块是在通信领域，就是提供通信链路管道及平台服务，包括前端通信设备，还有中心 V2X 平台；第三个板块是汽车产业及车生活服务领域，包括发展自动驾驶的车企、具有智能网联功能的智能车载终端研发推广企业。从技术架构来看，这是行业协同的事。能够做成这样的应用架构确实不容易，在相关技术产业的驱动下能够推动形成这样的技术发展、产业引导的发展路径，无锡市政府、车联网项目下了很大功夫。

无锡推动车联网项目，除了技术、产业方面发展驱动之外，其实也必须要回答“现阶段做车联网车路协同能有什么作用”这个问题。总结下来，无锡车联网两大方面的预期作用相对比较明显：

第一个作用是实现点对点、实时精准的出行信息服务，通过车联网车路协同能够为驾驶者提供更加精准、实时、主动的路况信息。打个简单比方，就好像给车上设了虚拟交警领航员，让你先知先觉、让你“有千里眼”和“顺风耳”，让出行更加主动，可以提前知道前面有没有拥堵，动态、实时地知道前面道路的施工情况；现在有很多路侧设施是可变的，如可变车道、智能潮汐车道，在出行之前或者过程当中可以第一时间知晓。上述这类应用场景主要对应服务社会车辆。此外，对于公交车、120 救护车等特殊车辆，通过智能网联来实现公交车优先，尤其 120 救护车的一路绿灯，为其开通生命绿色通道。120 救护车在享受优先通行的同时也把优先信息推送给周边车辆，尤其是让 120 救护车前面的车辆尽快让出“生命通道”，这是一个非常具有代表性的应用场景。

第二个作用主要体现在辅助安全驾驶方面，这对于未来的自动驾驶有较大的意义。车路协同或者自动驾驶等的一些概念或者一些场景都是从国外引进的。推送红绿灯信息，最初的理解就是推送一个灯态，但是实际是为了起到车速引导作用，包括推送绿波速度，红绿灯信息应该是自动驾驶的一种辅助性支撑信息，奥迪汽车把它转化的作用做得很好，我们把红绿灯动态信息推送给车的时候，比如当前方是红灯亮的时候，但是在奥迪车里面却显示了绿灯，目的是提醒驾驶人，如果以 30 公里的时速行驶，到前面就能赶上绿灯，所以推送红绿灯信息不是替代红绿灯，而是让拥有智能驾驶功能的车子把车速控制得更好。另外，希望将路侧感知环境的一些信息能够第一时间推送给车，如快要经过斑马线的时候，若摄像头检测到有行人，则第一时间把这个信息推送给车，车辆就要考虑如何更好地智能控制了。再者，还有类似的情况，通行交叉口遇视线盲区时，需要第一时间相互传送警示信息等，主要是为了智能辅助驾驶。

现阶段车联网车路协同可发挥的作用及主要应用场景重点体现在上述两大方面。通过总结无锡车联网项目推进历程及经验，为了更好地促进下一步发展，并且有利于各地经验借鉴，有以下六点思考与大家分享：

第一点思考，产业协同和运营模式很重要。无锡车联网项目之所以能有很好的开局，很重要的一点是政府的顶层设计推动，在这个基础上再做到产业协同。路侧智能交通系统领域，城市公安交管和赛康交安是主力军；通信领域，中国移动和华为是主力军；出行服务领域体系，多家主流车企和出行服务平台是主力军；这样的布局发展我个人觉得非常重要。自从 2018 年世界物博会之后，全国各地规划建设车联网的热度非常高，很多企事业单位都来无锡考察，但目标定位要做什么、怎么做却不清晰，技术上说得很清楚，但是做完之后怎么运营，怎么让它持续下去，却面临很大挑战。很多人来无锡交流的时候，说要建自动驾驶测试环境，要建自动驾驶测试基地，要做车联网，要做车路协同，期望很多。但是冷静思考后发现，一方面，全国能建多少个自动驾驶测试基地，国家可批复的测试认证资质有多少，一定时期内会有多少车企有测试需求？另一方面，如果为了产业发展招商引资，建立一个智能网联的测试环境用于服务车企就很好了，对产业也会有一定的驱动力。所以，搞清楚定位究竟是什么是非常重要的。

第二点认识思考，剖析一下路侧智能交通领域，要做到路侧信息开放其实并没有那么容易，除了要开放，更要自我革新。如何产生信息并推出，除了路侧前端要变革升级，交管中心管控平台也要变革升级。无锡车联网给传统智能交通的变革性创造升级带来非常大的助推作用，在开放交互的前提下才有这么多数据交互，并开始做数据驱动和基于大数据的智慧交通平台，车联网为智慧交通带来一个新的发展路径和方向，公安部交通管理科学研究所也在这个方面积极努力，在积极研究修订路侧前端设备及中心管控平台的一些信息交互标准。无锡车联网建设推进过程中，很多车企非常热衷并愿意加盟，同时提出了一个很现实的产业需求，即车路协同的信息要标准化，否则到无锡是这样交互的信息方式，到南京可能就换成另外一种，若是这样，汽车产业是没法跟进的，产业就会观望甚至停滞。所以，公安部交通管理科学研究所正在积极推动车路协同，即路侧跟车之间信息交互方面的技术标准。2018 年，工业和信息化部下发了《国家车联网产业标准体系建设指南》，包括智能网联汽车标准体系、信息通信标准体系、智能交通相关标准体系和智能车辆管理标准体系。2019 年年初，工业和信息化部将《智能车辆管理领域标准体系》及分指南的编写任务交给了我们所，接下来会在几个方面重点设计研究和推进：一是车路协同交互的信息规范；二是自动驾驶安全运行测试认证规范；三是车辆身份认证及信息安全规范，如果要做车联网、做智能网联汽车协同，车辆具有数字身份是根本，进行身份验证是一个基本前提，信息安全也非常关键，所以要把它做成一个非常重要的部分；四是面向未来的车辆通行管理规则和执法方面的内容。

第三点认识思考，选择 I2V 还是 V2I、前端还是中心为主的发展路径？一方面，很多地方提出建设车路协同环境，需要道路路侧每隔 500 米设一个摄像头，确实国内有自动驾驶测试环境正在这样规划着做。但问题是全国智能交通路侧设施已经建设得很有规模且很成熟了，难道为了自动驾驶而重建整个道路智能交通环境？这个问题是非常值得思考的。无锡车联网建设的重点是升级改造现有基础设施的能力。另一方面，随着未来的发展，车路协同信息交互更多的应该是在前端，目的是更突出信息交互的可靠性与实时性。为此，无论是通信产品也好，车辆也好，包括智能交通也好，发展的重心都在慢慢前移至路侧端，因为跟现阶段产业发展融合度非常高。

第四点认识思考，交通事件的实时采集发布亟待挖潜。施工作业信息能不能第一时间知道并第一时间推送出来，对此还有很多开拓性的工作要做，现在很多物联网企业在这方面做得非常好。现在路上电子警察特别多，如果闯了一个红灯，一般三天之后才能收到处罚信息，因为违法行为要人工审核确认后再告知违法人员。但是，如果违法行为被拍之后能第一时间给予其警告，警示、纠正的效果会更好，如提醒驾驶人在此处超速了，警示其慢一点，安全行车环境会变得更好。

第五点认识思考，车路协同前端的边缘计算（域）作用渐显。在路侧有中心管控平台、智能前端，在通信领域或出行服务领域有边缘计算技术应用需求，因此车路协同不是靠一个平台来解决所有问题，也不是靠一个边缘计算（域）将公安交管、通信、智能网联车辆的终端计算和信息处理需求统统解决。因此，随着车联网边缘计算技术的发展，在不同行业先要做好自己的边缘计算，在前端做好最大程度的信息开放和智能化处理。

第六点认识思考，交通基础设施及通行规则的相关规范亟待强化。再好的智能交通技术，没有基本的有序通行以及规范的通行规则是发挥不了作用的。我国这样的混合交通环境，更要注重交通基础设施的规范化建设，如一个交叉口通行规则是否明确，交通组织优化是否做得好，关键是要看能否给出行者一个明确的通行时间、明确的通行路径和空间，使其在规定的时间和路径上安全快捷地通过。若没有这样的交通基础设施和通行环境，恐怕再好的智能交通系统都很难发挥作用，智能网联汽车很难上路运行。另外，要注重提高通行规则意识，红灯停绿灯行的通行规则简单，但是并不是简单的应知应会的通行规则大家都熟知。举个例子，如果一辆车是左转弯，转到相交道路正好跟对向右转车辆相遇，此时该谁让谁呢？其实这是《中华人民共和国道路交通安全法》里最基本的通行规则。在现实生活中能第一时间迅速习惯性地给出正确答案的人恐怕不多，这个例子充分证明了一件事，就是现阶段需要加大力度培育好交通参与者的通行规则意识，更需要加大力度规范设置好道路的交通标志标线、隔离护栏等基础设施，让我们的出行环境更有序。

二、智慧交通

围绕智慧交通有七个方面的工作需要关注：第一是建立泛在互联的智能感知体系；第二是建立开放共享的数据资源体系；第三是建立三网合一的运输服务体系；第四是建立数据驱动的行业治理体系；第五是建立可持续发展的价值链体系；第六是建立规范有序的制度标准体系；第七是建立可信可控的安全保障体系。

智慧交通在许多场景都会得到应用。

第一是基础设施智能化。现在桥梁的智能健康检测就出现了许多新的技术和设备，比如说桥梁智能检测六足机器人、地下管廊巡检机器人等，这些新的设备或者技术的使用使检测速度更快，数据更全、更精准，也为我们基础设施的评估提供了丰富的数据资源。

第二是智能化航道技术。现在出现了很多新的监测手段，无人机、无人船、无人遥控巡航器、智能航标导等，结合电子航道图、北斗导航等，我们可以把整个航道的信息体系建立起来。

第三是车路协同。需要思考如下问题，在自动驾驶场景下我们的交通要做什么，我们高速公路将来怎么变？在自动驾驶场景下我们的标志标线、设计规范、路侧设备需要有怎样的功能？我们甚至可以畅想一下，现在我们的高速公路是提供路权来实现收费，下一步我们或许可以通过为自动驾驶车辆提供信息服务来实现收费。

第四是无人船。无人船现在比较受重视，相关的科研工作也得到了大力支持。无人船的技术路线大致经过了三个过程：第一代主要是传统驾驶，船上工作人员操控；第二代主要是岸基遥控，船上人员主导加上岸基辅助，船岸通信、自动化、信息等技术使岸基遥测遥控成为现实；第三代主要是无人船舶，岸基监控加上自动航行。无人船的好处就是船上不再需要配备船员，这样所有服务于船员的基础设施可能就会大量简化，对于船舶整个运输效率的提升是很有好处的。

第五是智慧物流场景。我觉得智慧物流的一个重要趋势就是逐步实现无人化，比如仓内技术涉及机器人、AGV、可穿戴设备、RFID等，干线技术涉及无人卡车等，配送技术涉及无人机、配送机器人等，末端技术涉及无人快递柜、无人超市等。

第六是智能客服。智能客服属于典型的人工智能，涉及大数据、知识图谱、用户意图理解、机器学习、自然语言处理等技术。

第七是管理决策智能化。这是挺有意思的一件事，是基于知识图谱的智能决策。现在贵州大数据局正在做相关研究，他们以交通行业为试点。目前，所有的系统数据不是放到一起来分析的，给所有平台的都只是接口，要解决不同平台通过接口的方式实现大数据的分析，这是我觉得比较难的一个技术问题。

三、未来的智能交通、智能网联

未来的智能交通、智能网联设施将是由道路设施、车辆和支撑运营与服务系统组成的一个边界开放的复杂系统，各单元、各部分、各子系统之间可以实现数据交换。目前，尚不敢评论未来智能交通中的无人驾驶汽车是不是现在各个厂家推出的模式。从目前的价格来看，我们现在所谓的电动无人驾驶汽车都是一辆十几万元的汽车配载几百万元的设备，这样的电动无人驾驶汽车是不是可能推向市场，很难说。所以，如果它要能成功推向市场就必须做减法，价格必须大幅降下来，而价格要降下来一定要靠交通系统的路侧设施，也就是说道路交通基础设施要做加法。对此我们重点考虑的是车路协同，这应该是一个比较合理的方向。也就是说，未来智能交通运输系统的子系统和车载系统应该可以实施交通状况、气象条件、客流趋势等调节，如控制策略、限制或诱导措施、运行方式、服务协调等，从而使交通运输系统处在依据实时数据的动态调整和寻优过程中，且具有比较高的可靠性、应变性、可控性和安全性。它可以支撑实现路网承载能力和交通出行需求发展之间的平衡，实现对整体路网和交通流的调度与控制，最大限度发挥路联的作用。同时，网络使用功能和运输系统的服务功能也应体现出以下特点。

一是信息化。功能专业化的基础设施包括：①在土木工程设施中进一步加强原道路基础设施布设的无线通信和感知系统，形成新一代道路信息基础设施环境。②在道路设施交通承载功能和形式上进行创新，如全线连续公交专用道，自主行使的出租汽车，开通分设车道，比如说设置专门的货车通道和共享汽车专用泊车设施，在具备条件的道路上设置智能网联汽车专用道路等这样一些新一代的道路基础设施和结构。比如浙江的高速公路杭甬复线、京雄高速公路等，我们也支持采用这样的建设方案。

二是智能化和电动化运载工具。未来智能交通应该能够适应和支撑下述的车辆环境：具备互联功能的汽车进入市场；城市快速路和高速公路将在无人驾驶和有人驾驶之间进行混合，即面对混合车流的状态；完全由无人驾驶车辆组成的受控车队等。在可以预见的将来，道路上出现的，与电动化及车辆配套的网联化和智能网联设施是我们重点考虑的内容。

三是开放共享协调管理与服务设施。该系统应该支持交通服务人性化和定制化，支持具备车载控制功能的车辆实现控制环境下的自主运行，支持具备信息诱导的车辆高效运行等，此外还应该支持智能交通、智能网联这样的车队行驶之间的自主切换等。

四、智慧高速公路

到目前为止，关于智慧高速公路行业内并没有一个完全公认的定义。

那么目前是什么状况呢？高速公路信息化开始之初就是信息化。信息化这个名词提出得很早，二十世纪六十年代由日本首先提出，中国则是七十年代末、八十年代初开始提及的。实际上准确地说，高速公路的数字化或者叫智慧化，起点是在福建，就是习近平主席当年担任福建省省长时提出的“数字福建”，当时福建省就建了一个数字高速。从2004年一直到2007年，才逐步有了浙江智慧高速、云南智慧高速、湖南智慧高速。到目前为止，首先，政府非常重视，行业的需求也很迫切，每个省都想建智慧高速，尤其是高速公路集团。其次，我们的部分省份探索示范高速公路智慧化的提升，效果还是显著的。智慧化提升从哪几个方面着手？主要是路网的运营管理、服务、应急处置以及收费。再次，新技术推动了智慧化的快速发展，智慧化的水平逐步提高。当初福建高速研究数字化的时候，一没有大数据的概念，二没有物联网的概念，云平台更加没有。那个时候就想要建一个很大型的综合软件平台来实现互联互通，从而提高效率。然后，我们跨行业合作效益比较显著，新模式创新黎明破晓。最后，要清醒地认识到，现在还是处于起步探索阶段，政策也好、市场也好、产业生态也好，还都没有打造，所以说刚刚起步，很多问题都需要去解决，在艰难的路上向前推进。

那什么是智慧高速公路呢？行业内没有标准定义，有一种观点认为，智慧高速公路要分近期、中期、远期，最终的智慧高速公路肯定是高度智慧的无人驾驶。试想一下，近五年或者近十年，智慧高速公路要解决什么问题呢？应当是解决以下三个问题：服务、管理、运营。标准理念有四个：一是交通强国总的建设纲要；二是创新驱动，创新可以推倒一切；三是以人为本，安全是重中之重；四是绿色节能。

对于智慧高速公路而言，第一就是结合这些理念，应用前沿技术，尤其是人工智能等新一代技术，体现出它的慧与智。第二要全面、实时、准确地全要素感知。第三要持续提升高速公路运营水平、管理水平、服务水平、绿色水平。

智慧高速公路是一个什么趋势呢？根据交通强国三阶段进行划分。2020年之前是起步阶段；2020—2035 年是发展阶段，也就是交通强国的第一阶段；2035—2050 年是交通强国第二阶段，实现国际引领。第一阶段基本上可以形成智慧高速公路共识，明确分布行动计划。其中要重点实现路网的监测，应急处置与服务应用智慧化的提升，基本可以初步实现信息的互联互通，大数据的挖掘效果初有成效，管理的可视化、信息服务的多元化等。第二阶段主要是完善智慧高速公路的技术体系，制定智慧高速公路成套标准，形成智慧高速公路产业。路网的运行状态、应急救援等方面有了相应的具体指标，预测初步实现全天候通行，自动驾驶也会有很多的应用。届时，交通拥堵和事故率下降，道路服务水平能处于国际领先。第三阶段能够实现智慧化的高速公路，甚至是无人化、自动驾驶被广泛使用，达到交通强国的目标，即人民满意、保障有力、国际领先。

智慧高速公路近期也面临着几个问题。第一个问题，高速公路以前都是机电系统，包括标志标牌，都是非智能，是实物性质的。现在要把它联系起来，智能化以后动态信息发布联通作用非常大。第二个问题，新技术的集成解决方案。传统行业中做单一产品的很多，做系统解决方案的也有，但是解决得并不是很好，或者是单一比较成熟的方案很少。比如京雄高速是我国一条很重要的通道，提出来要如何技术领先，但是方案整理出来之后，能不能有企业提供新技术集成的一整套解决方案，这是一个难题。这家企业是做大数据的，那家企业是做交通软件的，想把这两方面集成到一起，难度比较大。所以，现在需要很多企业能够往技术集成方面去努力，一个单一的产品跟路网之间如何形成协作，这是行业亟须解决的问题。第三个问题，软件平台的开发。很多智慧高速公路可以有很好的思维设想，但是却没有很好的软件平台去实现，最终就只是个人想法的展现而已，很难做到强大，这个问题需要行业内的相关企业共同努力解决。第四个问题，硬件设备。比如说车路协同，当前的技术仅仅用于演示是没问题的，但实际操作的时候，在一秒的时限内，设备的稳定性很难支撑住。2019 年实行全国联网收费就是一件很好的事。但是难度在于，无线通信频谱是 5.8GHz，要读取车辆的 OBU，准确率要求达到 99%，难度系数非常高。但是日本已经实现了准确率 99.99%，我们却还在 99% 的要求上努力。还有其他一些问题，如应用推广、标准规范、建设模式等都需要探索，智慧高速公路建设模式如果还按传统的招标方式，让机电承包商去实施，可能都无法实施下去。模式创新是必须的，包括服务购买等。

关于智慧高速公路，最关键的是人才。但交通工程这个行业里，在高速公路领域，智慧交通的人才极其缺乏。为什么呢？因为既要懂交通，又要懂智能，还要懂信息化，甚至还要懂安全等，只有全部懂，才能够提出一个整套的解决方案。

五、智能网联汽车发展与自动驾驶

关于智能网联汽车，大家可能会遇到很多概念方面的困惑，比如有的叫车联网，有的叫智能网联汽车，有的叫无人驾驶，其实之所以有概念上的分歧，原因主要有两点：第一在于立场的不同，第二在于技术路线的不同。从工业和信息化部支持产业发展的角度来讲，我们没做严格意义上的概念区分，因为不管是车联网、智能驾驶系统还是汽车制造，它都是智能网联汽车大的生态圈里不可分割的一个部分，都需要协同发展。自动驾驶至今已有近百年的历史，1925 年这个概念就出现了，2009 年谷歌启动自动驾驶项目。目前，多方主体都已经参与到了智能网联汽车的研发和测试中，比如传统的车企、互联网企业，当然也有一些造车的新兴势力，比如蔚来汽车、小鹏汽车。

另外，对于汽车产业发展。从 1986 年我国已经提出了要把汽车产业作为一个支柱产业来发展。1994 年，我国制定了第一部汽车领域的产业政策，当时明确提出到 2010 年要把我国的汽车产业真正发展成为国家支柱产业。2009 年，我国的汽车产销量已经是全球第一，而且之后一直呈现正向增长的趋势。

直到 2018 年，汽车的产销量同比开始下降，但这也丝毫不影响汽车产业作为我国支柱产业之一。根据国家统计局的投入产出表进行测算，汽车产业直接依赖的产业有 110 多个。房地产虽然也是我国的支柱产业之一，但是跟汽车产业相比，汽车产业可以拉动的产业和行业更多一些，特别是智能网联汽车。智能网联汽车上游的芯片、算法，中游的智能驾驶舱，以及下游的智能出行等，都涉及数字经济的范畴。我们现在讲经济的高质量发展，提出要找经济发展的新动能，目前数字经济涉及的很多领域其实就是新动能的一部分。从 2018 年的数据来看，我国数字经济的体量已经占到了 GDP 的三分之一，但是与美国已经占到了三分之二相比还有较大差距。未来从经济发展新动能这个角度来讲，智能网联汽车其实也是我国以及具备条件的一些省份、地级市的一个很好的经济发展支撑点。

美国以及欧洲和亚洲的一些国家都在智能网联汽车领域发力，但是各自的优势不大一样。美国的优势在于信息技术、研发，比如依托数量众多的硅谷创业公司、科技公司来提供技术研发支持。欧洲国家拥有世界领先的汽车企业和智能驾驶技术，其零部件供应商深度参与了智能网联汽车的研发和产业推进。亚洲国家依托市场优势和先进的交通基础设施来发展智能网联汽车产业。如我国智能网联汽车产业主要布局在东部发达地区，2018 年很多省份发布了智能网联汽车的道路驾驶测试规范。

2018 年，工业和信息化部发布的《车联网（智能网联汽车）产业发展行动计划》中对 2020 年提出了阶段性的发展目标，即要实现产业跨行业的融合，具备高级别自动驾驶功能的智能网联汽车，实现特定场景的功能应用等。行动计划主要包括五个方面的内容：第一是技术方面，要加快智能网联汽车关键技艺、核心技术的攻关，还有决策控制平台构建、强化基于第五代移动通信技术设计的车联网无线通信技术（5G-V2X）等关键技术研发及部分场景下的商业化应用；第二是标准体系建设、测试认证和示范应用；第三是产业基础设施改造和完善；第四是综合应用；第五是安全保障。行动计划还特别提出要建设车联网（智能网联汽车）产业发展的先导区，先导区不同于试验区，主要通过构建完整的产业链与提高产业链的水平去推动整个产业的发展。

2019年3月，工业和信息化部部长苗圩指出：未来车联网会产生超大流量、超大带宽，需要超低时延，5G最大的应用就是移动物联网，而移动物联网最大的市场就是车联网。工业和信息化部已经和交通运输部达成共识，要加快推动中国公路数字化、智能化的打造，把道路标志、红绿灯、交通管理规则等通过智能化改造固化下来。

曾经有过一个有趣的讨论：未来人工驾驶汽车会是违法的吗？这个很显然是不违法的。因为随着5G技术的到来，智能网联汽车不仅仅是一个交通工具，更多的会成为一个娱乐的场域、社交的场景。当然，无人驾驶跟人工驾驶相比，它的比较优势在哪儿？比如人类具有天然的局限性，人类决策的分散性等。这种讨论其实都会对我们未来的政策法规走向产生一些影响。

举一个例子，2018年3月20日，Uber的自动驾驶测试车撞死了一位正在过马路的女性。从自动驾驶获得的数据来看，当时车辆其实已经识别出这种风险，但是车辆的算法优先保护的是车内的人，所以为了维持车辆行驶的稳定性和安全性，最终它没有采取自动干预。那么，我们在未来制订政策法规时，或者在确定算法时，道德伦理如何作为一个因素进行考量呢？这些因素都会决定这个产业未来发展是否能够得到社会、市场的认可。当然，由于各个国家的文化差异，道德伦理准则也不一样，这些都会成为我们未来持续讨论的一个部分。

六、自动驾驶汽车的路侧与车端

谈到5G短时延通信，我们听到更多的是5G手机，有人说5G通信可以在两秒钟内下载一部电影。但这个是5G手机应用，不是汽车关注的应用场景。第五代无线通信在汽车产业，革命性的变化是短时延。以在交叉口由于遮挡引发的一起交通事故为例，事故发生的最大的原因就是遮挡，司机受到视线因素的影响，看不到周边的车辆。等看到车的时候，只有0.8秒，不足1秒钟的时间就已经撞上了。有了短时延通信以后，美国创新性地提出车车通信，每个车把自己的定位信息发送出来，一秒钟广播十次，这个技术通信时延只有20毫秒，通过这种方式来避让。开车的时候不仅要关注前面的车，还要关注前面的前面的车，但是谁都没有透视功能。但是通信是有透视功能的。针对短时延通信，美国于2013—2014年，在密歇根大学经过一年测试以后，2015年发布车车通信强制性标准。这个标准发布的时候，美国交通安全局官员说，如果每辆车都安装车车通信，就能够把交通事故率下降80%，这是通过通信方式改进得以实现的。在这个测试项目里，改造了73英里（1英里≈1.609344千米）的道路和2836辆实验车，安装了短时延的通信装置，改造了道路的红绿灯、弯道警告标志。

美国测试了6类车车通信避让场景和5类车路通信避让场景。美国把车和车之间的碰撞排在第一位，NHTSA提出的6类车车避让场景经过测试，证明对道路交通安全、车辆安全有了极大提高，所以发布了车车通讯强制性标准。但车路通讯还没有相关标准。

对于通信技术，美国采用的是DSRC（Dedicated Short Range Communication），中国、欧洲、日本打算采用LTE-V2X，用第四代无线通信技术改进。V2X用蜂窝网改造，但是要实现短时延通信一定要端到端，而不能通过基站通信。基于这个短时延通信，对于自动驾驶和驾驶辅助，在欧美就是在车上安装传感器。中国更偏重于智能网联自动驾驶方案，工业和信息化部做的智能网联汽车构架体系，围绕5G通信构建云，即中心云和边缘云。由智能车、智能路构成的一个未来的智能网联系统方案。

5G通信技术支持智能化道路，根据在哪里？通过中国的交通事故统计可以发现规律，交通事故中被撞身亡的人之中约有70%发生在车外，30%发生在车内。欧洲的情况则是跟我们反过来。美国为什么有车车通讯V2V就够了？因为美国交通事故里，大部分都是车内人员伤亡。

再通过一些交通事故来看，尽管道路交叉口在整个道路里占的比例不大，但是交叉口事故在事故总数中的占比却很大。交叉口是交通里的一个难点，交叉口遮挡、交叉口违章都是比较严重的情形。在做交叉口智能化方案中不难发现，很多障碍物的遮挡，不管在车端安装了多少传感器或摄像头，仍然有些遮挡是避免不了且无法识别的。换个角度，把传感器装到路侧以后，遮挡反而被消除了。过去这一方法没用，是因为路侧传感器即便发现了风险，也无法告诉汽车。而有了毫秒级通信之后，结合高精度地图，在交叉口增加环境感知传感器，同步传输给车端，就能做到完美的环境感知。

一个智能交叉口，到底应该是V2I，还是I2V？针对这项研究，我们曾经对厦门的一个快速公交BRT的改造做了方案。基于安全模型采用V2I，就是车辆从路侧获得相应信息，提升本车安全性控制。再基于一个交叉口的交通效率模型采用I2V，整个交叉口交通协调通过交叉口计算，对通过交叉口的车辆进行交通引导来提高交通效率。结论是：基于安全要用V2I，基于交通效率提高要用I2V，二者结合就能把交叉口的安全与效率问题都解决了。这将对中国的道路交通安全、交通效率有着巨大的提升作用。从而使得整个城市的交通效率也得到显著提升。因为我们知道，一般堵车大部分是由交叉口造成的；对整个城市的交通协调、控制和干预，大部分也是通过交叉口进行的。

有了第五代无线通信，车辆有能力通过智慧的路侧设施提高其通行能力。从感知方面，路侧安装了很多环境感知传感器，车端环境感知和路侧环境感知融合以后，可以得到一个更全面、更完美的环境感知。在存储单位和计算能力方面，有了边缘云技术以后，大量的车端计算与存储可以转移到云端进行。在短时延无线通信技术的支持下，通过路侧承担智能网联环境感知任务甚至计算任务，去提升车辆智能化程度，降低车辆配置成本，这将对自动驾驶、无人驾驶汽车产业发展有着极大的帮助。

第8章 车联网项目建设

继 2019 年 5 月工业和信息化部正式批复支持创建江苏（无锡）车联网先导区之后，同年 12 月，工业和信息化部又复函天津市人民政府，支持天津（西青区）创建国家级车联网先导区。在复函中提出了任务目标的五大要求，其中一条是：规模部署蜂窝车联网 C-V2X 网络，完成重点区域交通设施车联网功能改造和核心系统能力提升。这意味着，智慧道路交通成为车联网项目建设的核心任务。

2020 年 1 月，美国联邦交通部部长、美籍华人赵小兰女士（Elaine Chao）在出席美国 TRB2020 交通年会（The 2020 Transportation Research Board）期间发表演讲。赵小兰强调，交通安全是美国联邦交通部第一要务，并宣布了一个新的投资计划，将投资 3800 万美元用于 C-V2X（车辆与基础设施及其他道路用户互联）试点项目。同时，她还强调“我们要让驾驶员们知道，高级驾驶辅助系统（Advanced Driving Assistance System，ADAS）在设计上是为了辅助驾驶员驾驶汽车，而不是取代驾驶员！”

至此，车联网，未来的道路交通，在发展路径上，是单车智能的无人驾驶模式，还是“智慧路 + 智能车”的车路协同模式？中国与美国做出了完全一致的定调，要实施车路协同，而不是单车智能。

将来会不会有一天单车智能的无人驾驶模式在中国落地实现？这要取决于通信、芯片、系统、定位等多种核心技术的完全自主知识产权以及完全可靠、稳定的性能。这或许是很遥远的事，又或是永远不会到来。

我曾在多个场合一再公开强调，车联网项目一定要面向现阶段人工驾驶带来的三大社会问题：交通事故、交通拥堵、交通污染，并设法去解决问题。面向《中国制造 2025》提出的智能网联汽车产业发展目标即道路交通事故减少 80% 与死亡人数减少 90%、普通公路交通效率提升 80%、油耗与排放均降低 20%，车联网项目同样要努力实现这一目标。

车联网项目建设有了具体的方向和目标，就可以看出其实质是智慧道路交通，其中又包括道路交通的智能管理和智慧出行。下面，具体谈一谈车联网项目建设的总体架构与关键要素。

与传统的工程项目架构不同的是，车联网项目的架构要求是闭环式的，如图 8-1 所示，包括：一个 C-V2X 平台；两个用户：管理与出行；两个端：路侧与车端；数据要通过网络互联互通、在线运算，通过数字孪生、数据融合，实现车路协同。

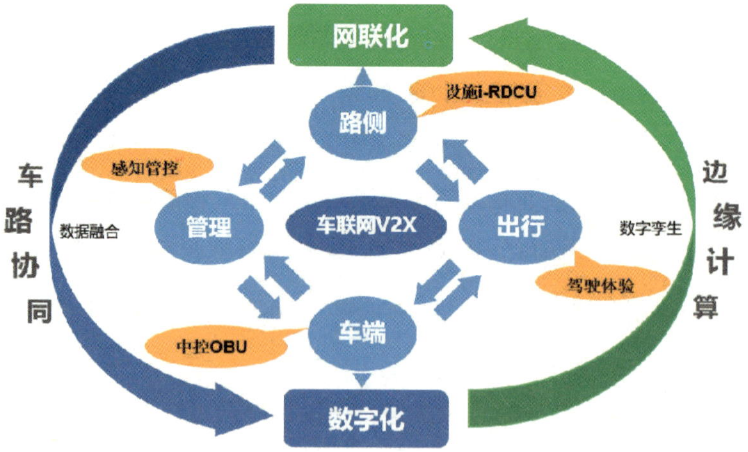

图 8-1　车联网项目的闭环架构

C-V2X 云平台将包括三个部分：交通管理数据交互、路侧设施数据交互、出行应用数据交互，也可以看作是一个大系统下面的三个子系统。

路侧设施将通过交通标志、标线、信号灯、隔离防撞等设施的泛在布设智能传感终端，同时在平面交叉口或交通枢纽节点设置一种数据链单元 i-RDCU（Road Data Chain Unit）。i-RDCU 是采用先进的无线通信和新一代互联网等技术，通过对智能网联环境下城市道路各节点的通信集成、数据集成、算法集成，实现各类数据的充分融合、高效传输和主动控制。通过数据链单元 i-RDCU 来构建局域（交叉口）与局域区块之间的边缘计算；多个局域区块组网成空间区域，空间区块与空间区块互联互通，如图 8-2 所示。

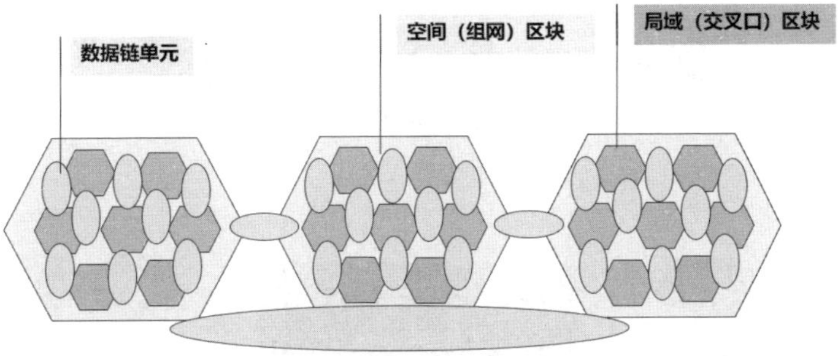

图 8-2　数据链单元与局域区块、空间区块之间的关系

车端（车载）设备是装置或集成于智能网联汽车的 OBU（On Board Unit）单元，接收并传输信号，从而辅助人工驾驶实施对车辆的任务控制。

交通管理层面，对人、车、路、驾、管、事件、违法等方面，能够实时可感、可知、可视、可管、可控、可预测。

出行服务层面，在交通安全风险预警（图 8-3）、路径规划与指引（图 8-4）、地图导航、道路断面通行能力、第三方信息服务等方面，能够有更好的安全、便捷、畅通、舒适、多样化数据应用体验。

车联网项目还要构建数字化、智能化、网联化、协同化四大关键要素。

数字化，一方面是基础设施的数字化，道路编号、位置桩号、设施编码、

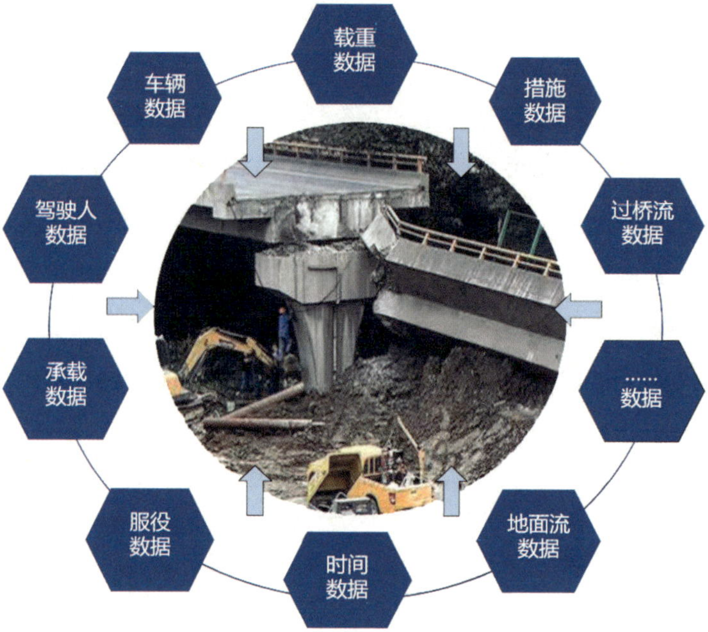

图 8-3　道路交通安全风险预警的数据应用

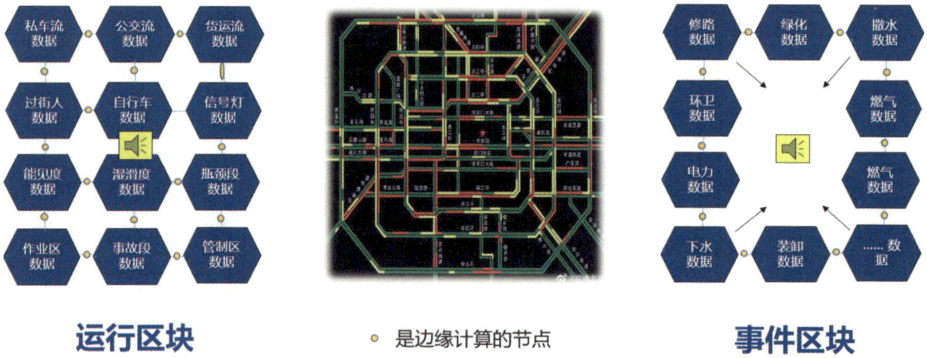

图 8-4　路径规划与指引的数据应用

全生命周期等数字身份信息；另一方面是信号传输的数字化通信协议。

智能化，依托于远程通信，设施的位置、方向、状态能够被实时感知。

网联化，依托于云平台和加密运算，设施设备能够实时接收和发布动态信息数据。

协同化，依托于边缘计算、数字孪生、数据融合，实现同时间与空间的行车需求与道路供给的各方之间和相互协同。

在道路交通中，过去从来没有将交通流、交通信号、交通环境的数据在它们的信息载体之间互联互通，而车联网项目就是要打造多种数据互联互通、融合应用的闭环。

基于车联网项目，对于可以预见的智慧道路，我想做如下描述：

一是“城市更艺术、更和谐”。各类路侧设施的样式与颜色通过结合文化元素、环境风貌，融合美学与艺术元素，实现多种功能性一体化结构集成。

二是“视认空间更安全、更清新”。交通标志、信号灯等路侧设施在夜间、低能见度的恶劣天气等情况下均能发出清新、柔和的光色，让驾驶人可以远距离识读信息。对路灯照明系统实施配光策略，在低能耗条件下保障交通安全。

三是“科技创新更科学、更智慧”。科学地设计与设置道路空间及环境，其本身就是智慧。引入低碳、节能、环保、耐久的理念，在路侧设施的材料、形式上创新应用。

四是“交通管理更智能、更精准”。C-V2X 云平台，通过多种设施终端的智能传感器，将方向、位置、状态实时同步于物联网云平台，实现全生命周期的可感、可知、可控、可管。

五是“出行体验更聪明、更畅通”。让人、车、路、环境四个方面的多种数据在各自的载体之间互联互通，实时给出交叉口风险规避策略，实时给出路径优化与指引，实时给出周边路网的事件信息，实现车路协同。

以新加坡为例，其城市道路交通是以现代化体系整体模式建设管理的，顶层设计规划是将停车、汽车在路上行驶、道路使用计价收费、城市道路交通车辆管理等各个有关元素都纳入体系化整体应用，比如 ERP(Electronic Road Pricing，电子道路计价系统)、IU(In-Vehicle Unit，车载阅卡器，相当于我国的 ETC 装置)、CC(City Center，城市网联控制中心)。

“ERP+IU+CC”三要素融合形成了体系化环环相扣的有机结合。如此既能对车辆的道路行驶采用按需付费，又能有效管控车辆停放以及城市在用车数量、对应停车位置及泊位数量等城市智慧管理关键信息。

只有科学的体系化整体顶层设计，才会有好的成果与体验。反观中国目前的城市道路交通中道路、在用车、泊位数量及使用等情况，我们的城市规划建设、道路、车辆、信息等要素的设计、建设和管控是各自为政的，比如车辆与停车泊位数量对应比例及位置的管控；再比如最近开始大力推广的高速公路 ETC 安装等，每项工作之间的关联度是极低的，各做各的事。这对于以后向着总目标整体发展而言，缺乏脚踏实地的层层推进。可以说，没有从开始阶段的顶层设计，城市道路交通建设的各项工作间就会脱节，在后期就不能形成有效的体系应用，投资之后的收效也就会大打折扣。

信息是做出及时、正确的判断和采取有效行动的必要前提；信息预知才能最大化地保证上述判断和行动有效；体系化顶层设计是信息及时预知最有效的保证，也是信息传输与应用的最佳落地保障。

智能网联道路交通体系中应至少包含下列要素及其功能。

（1）智能网联交通信息中心

专项负责与城市道路交通相关的信息及数据处理，统筹协调规划和指挥城市整体和各区域云上传的跨各区域间交通的车辆、道路、轨道等交通信息。与各区域云网端相连接。

（2）通信网路径端口

作为智能网联交通信息中心的延伸，在各指定区域内完成区域内部的交通相关信息及数据处理，统筹协调规划和指挥区域整体和各路径端口上传的车辆、道路、公交等运行信息。与智能网联交通信息中心相连接并上传，下达路侧智能网联神经以及社会出行信息数据服务平台。

（3）路侧

路侧智能传感器阵列（神经网络）的任务功能：①发送各车道坐标线路信号；②收集各个车辆 VIN 途经处的实时坐标位置并实时传递发送，通信网路径端口发出各个车辆 VIN 应移动行驶的线路及车道线坐标、车辆移动直线速度及转向角度信号，检测道路状况；③帮助传递途径车辆的 V2X 信息；④平面交叉路口车辆及物体通过的协调和监控。

另外，道路智能化体系的路侧 RSU 或升级版数据链单元 i-RDCU 应能完成下述智能化道路的车路协同功能：

① 精确定位坐标和坐标车道线发送

功能目的：通过城市道路网格有形和无形、硬件和软件的实现，将车辆的出发地、线路、目的信息都非常精准地用数据量化出来，而无须超大地图与卫星定位、超级电脑算法计算。

② 道路路面状况监测

功能目的：局部区域及附近任何物体形态、位置、移动状态等信息，都可以通过多点位毫米波雷达探测感知，从而将区域路面状况监探测感知信息通过无线或有线信号传输发送，使得智能道路网联监控计算中心的云网和上游车辆可以有足够远距离及充裕的时间来提前采取预防措施。

③ 无线信息发送

功能目的：通过智能网联的云网和路侧智能传感器阵列，以及各个车辆的 V2X-5G 形成的体系，将下游道路路况信息实时发送给正在通过或近邻行驶的车辆，使得所有行驶在该智能化道路上的车辆都能提前预知道路情况，并执行智能网联监控计算中心提供的新路线。或者进入该路段并执行车道线定位、移动速度及转向等指令，形成体系化整体车路协同。如此，既能避免众多车辆拥堵以及使道路使用更高效，又能最大程度保证道路车辆行驶安全。另外，还能弥补手机等移动设备的无线网络基站覆盖欠缺问题。

上述功能产品，诸如探测感知用毫米波雷达、无线通信信号传输基站天线等都是已经投放市场且较为成熟和价格低廉的产品了。这样，通过“团队合作”的体系化整体优势，克服单独单车智能自动驾驶汽车在技术与经济上的多重困难。后者的困难在于，诸如激光雷达、毫米波雷达、视频探头及超级电脑以及必需的超级地图存储、卫星定位、线路与实时路况移动算法等都是极为复杂性的功能要求。当然，科学体系化的智能网联路侧系统，如何集成和避免相互干扰，以及完成应用方案落地实施，尚需江苏科创车联网产业研究院之类的更多专业企业去填补空白。对于像华为技术有限公司等领先的无线通信技术企业来说，无论是技术产品、市场前景、还是企业社会责任（CSR），应该做的不仅是网联车，还更应有车联网。

或许会有人说 V2X 还不具备条件，而实际上有些汽车，如德国 ABB 早已安装 Telematics+OBD，这就是 V2X 的雏形了。

（4）车端

V2X-5G 对于汽车安全和道路使用效率提升尤其重要。

传统的汽车行驶安全模式是，当前车有刹车减速时，车辆尾部红灯会立即亮起来；或者前车要转向时，必须开启转向灯。所有这些灯光闪亮显示，都是为了后车驾车人的视觉感知，使其能采取相应的预防措施。随着道路与车辆技术的发展，车辆行驶速度已经远远超过了当初发明汽车尾灯报警措施时的速度考量了，从人眼看到，到大脑反应和之后采取措施，这个时间非常短暂，已经让部分人措手不及。太多的道路交通事故，与此不无直接或间接关系。由此可见，信息预知与行驶速度、反应时间之间关系的研究与技术开发非常关键。

V2X-5G 可以极大地开创车辆行驶状态下对前方情况的信息预知的先河，进而避免传统情况下的前方汽车减速或刹车红灯亮起后，后方车辆才获知信息进而采取应对措施，导致由于反应时间不够以至于反应不及时造成交通事故。V2X-5G 革命性地提供了前车刹车减速的实时精确数据，使得后车能够依据实时精确数据及时地采取制动措施。

在当前人工驾驶模式的情况下，前方或前车的信息数据可以通过车辆导航、行驶记录仪或智能车载设备显示出来（图 8-5）。这样，人工驾驶也会变得更加从容且安全。

5G 移动通信技术的大容量、高速率和低延时性功能的发挥，将能使得车

图 8-5　人工驾驶模式下的信息同步显示

辆从人工视觉感知状态，提升至信息数据通信的人工智能学习状态。行驶状态下的车辆间距将不再是视觉感知中的车速越快、车距越大的传统关系，V2X-5G 使得前后两车之间能够实时且及时地采取精确应对措施，进而极大地提升道路使用效率。相应地，传统模式下的汽车尾灯和道路红绿灯作用，将会被无线通信信息数据技术的全新模式逐步替代。

（5）用户出行及服务端

有出行需求的用户通过手机 App，向社会出行信息数据服务平台提交出行需求申请（图 8-6），平台在经与智能道路云网端和车端信息沟通协调后，向用户回馈出行方案并获得用户的方案选择，从而完成与出行人的最终出行信息确认并上传至智慧城市交通中心，以确定各地面出行车辆的行驶线路和时间。该平台亦负责出行服务的金融结算。

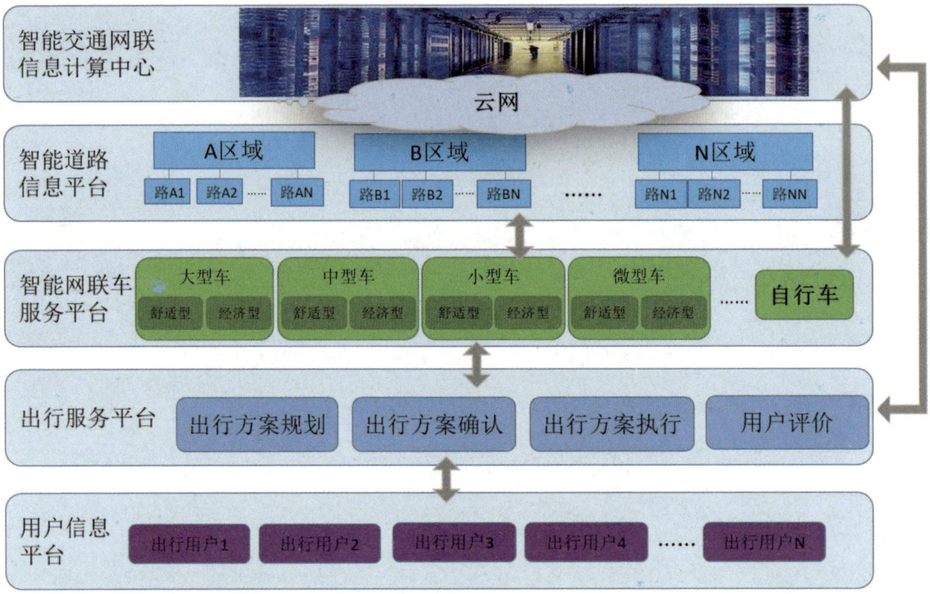

图 8-6　社会出行信息数据服务平台拓扑结构

智慧出行的分阶段战略规划建议如下：

第一阶段：利用现有信息与传感等技术手段共同构建城市道路交通基础设施的数字与感知，将现有车辆出行与道路交通网络体系衔接起来，目标是达到能基本预知车辆移动的出发地、出发时间和目的地这三项基本信息。道路路网与之精准匹配，为“车路网”整体化体系的最初级协同管控打下基础，也为智能网联驾驶体系法规及其应用做好准备。

第二阶段：推动人工驾驶与智能网联汽车混合行驶，并将5G通信融入智能网联出行体系，目标是建立起所有道路沿线路侧设施信号收集与通信传感、云计算平台，逐步消除人工驾驶模式下的驾驶任务不安全因素，使得智能网联汽车与出行服务能被社会接受，并同时完善相应法规，做好普及应用工作。

第三阶段：参照MAAS（Mobility as a Service，出行即服务）理念，通过信息技术智能化应用的完善为人们出行提供精准服务，通过体验对比逐步淘汰私家车出行模式。

第四阶段：完善智慧城市道路交通网联的软件和硬件基础设施建设，城市/城际交通出行完全由智能网联汽车替代人工驾驶，实现车联网、车路协同的智慧出行最终目标。

本章着重探讨了车联网项目建设，但也仅仅只是探讨阶段，立足于服务出行这一本源去研究，而真正落地应用尚需循序渐进地去验证、优化。可以相信的是，有了清晰的目标、方向、路径，一定能够日精日进、日臻完美。

第 9 章
共享出行化解城市交通难题展望

长期以来，专家学者们针对城市道路交通拥堵问题提出的解决方案都因受到传统思维模式限定，多数是拘泥于出行的车辆载体或是道路车道数量及路面标识上做改良，比如增加大型公交车和地铁这种大运力的交通工具，加宽城市道路以及增多路口视频监视探头等方式，却没有在思维上想到传统模式存在的问题，比如私家车拥有模式和道路使用制度模式的思维观念转化。

从二十世纪九十年代起，笔者开始对中国私家车进入家庭及世界其他发达国家和地区城市的道路交通问题关注思考，对上述问题根源得出的结论如下:

一、私家车出行模式问题

通过对人们出行需求以及现有城市交通各种出行工具载体及方式做比较，得出的结论是，传统模式下私家车是最方便的。尽管很多情况下抵达目的地时会因为没有停车泊位而有诸多不便。既然尚未有比私家车更能满足“快捷、方便、安全、经济、舒适”这一核心需求的交通工具，于是只要国家社会稳定，经济发展必然会使越来越多的人富裕起来，私家车也就成为人们追求的目标之一。那么城市私家车的数量就自然会增加了。数量庞大的私家车在被使用时必然遵循人们日常工作与生活以及节假日的出行规律，于是“潮汐”式的高峰交通流造成了有限的道路资源紧张。另外，目的地停车泊位匮乏、路口车速限制等微循环不畅的客观因素，引发了更多的道路拥堵现象，这也是城市化带来的一个副作用。于是，巨大的私家车保有量带来了更多的问题。

二、道路使用模式和制度问题

今天的城市道路已经是路网纵横，但是路修多了为什么还会拥堵呢？我认为是下列原因。

（一）传统的道路使用模式制度问题

城市集约化使得人们工作与生活的时间规律性愈发突出，而这个时间规律性的突出体现尤其集中在城市道路交通方面，即上述出行“潮汐”规律现象。“潮汐”现象使同一时间内数量众多的汽车涌入城市道路，所有发达城市都是靠修建更多的道路来缓解拥堵，但这一措施看似无效。为什么呢？

我们知道“木桶效应”是说一只水桶能装多少水取决于它最短的那块木板。同样，道路的汽车通行流量并不完全一定是车道数量越多，车流通行数量就越大。这一点在本书第 5 章开头部分已经叙述。

物理学或工程流体力学中，有公式：流量 = 流速 × 截面积。

现实中，尽管道路汽车通行流量是与车速和道路宽度上的车道数量有关系，但当汽车数量较大时（比如“潮汐”高峰时段），若其中的某一条车道的某处出现问题影响车速时，该路段的所有车道车速就都会受到间接影响。

如图 9-1 所示，假设有一个路况良好的无限长的直线车道，大家都约定好以某一个高速值不刹车行驶。上游车速 V_1 与下游车速 V_2 相同，而且相邻车道间车辆行驶不会有相互影响，道路横断面 A_1 与 A_2 都等于 A，则该道路上下游车流量 D_1 等于 D_2，并且车速越快车流量就越大。

现实生活中，道路不可能都是闭环的，所以一定会有众多进出口、平面交汇处以及车道数量减少的情况。

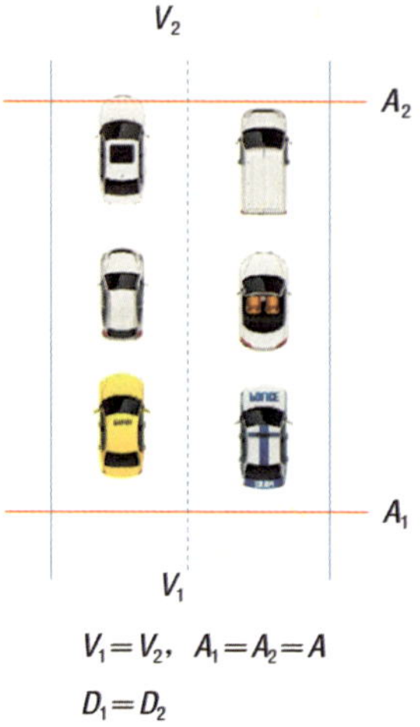

图 9-1　车速、道路横断面、道路上下游车流量示意图

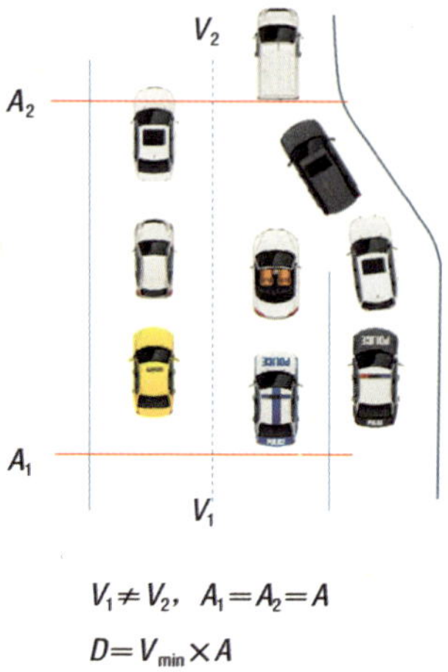

图 9-2　车道进口对车速及道路流量产生的影响

图 9-2 为车道进口或三条车道并线为两条车道时的情况。由于最右方车辆低速并入，使得原本快速直线行驶的主线车辆不得不减速，尤其是在车辆较多时，主线车速会降低很多以防发生事故，故相邻车道间产生了相互影响。这时上游车速 V_1 与进出口附近或并线附近的下游车速就不相等了。即使道路上下游横断面宽度一样，车道流量 D 取决于车道上、下游速度最小值 V_{min}。图 9-3 为车道出口对道路车速及流量产生的影响，与图 9-2 情况相同。上述情况都表明了随着道路上行驶的车辆数急剧增加到某个数量时，道路中车流密度就会增大，而人工驾驶仅依靠视觉感知，于是出于安全考虑，人们不得

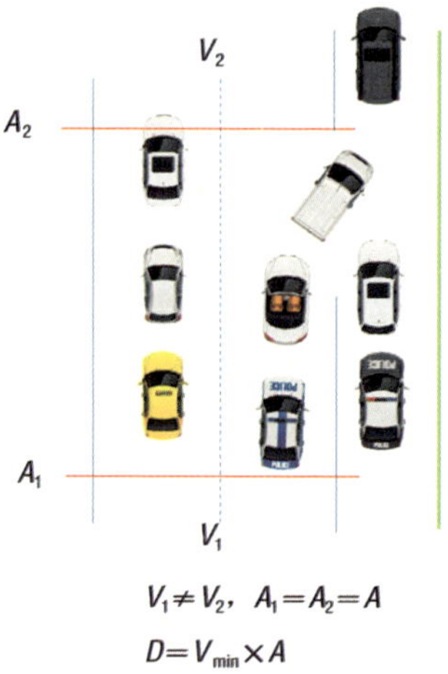

图 9-3　车道出口对车速及道路流量产生的影响

不减速慢行，结果车流密度会更高，车速就进一步降低，随后道路车流量就降低，进而累积影响到上游，由此“木桶效应”就发生了。即使有若干车道的整条路段各车道都涌满车辆行驶时，只要有一条车道的车速减慢，该路段流量就会降低，而该处的流量拥堵，还会向上游蔓延，也会引起与这条道路相关的上游区域道路拥堵。同理，一个局部区域道路拥堵也会引发与其相关的上游更大范围的道路拥堵。换句话说，道路只有在行驶的车辆数和车流密度不超过某一界限时才能充分发挥出车速越快、流量越大的功效。但是直到今天，道路使用模式仍然是延续传统的马车马路的使用模式，即所有车辆可以在任何时间、任何地点进入道路行驶，而不顾及道路最佳通行接纳能力。并且由于管控部门不能提前预知交通出行者的出行信息，因而也无法预知和管控因某个路口或路段拥堵而多久之后会引发相邻路段甚至区域和城市路网大面积拥堵的情况，自然也就难有预防或缓解拥堵发生的有效措施了。

换个角度来看，车与路的关系是，路应能让其上面行驶的车辆都能快速顺畅地抵达目的地，而不是变成拥堵停滞的停车场。理论上讲，如果各车道上的车辆都严格执行车道限速规定，如图 9-4 所示，车辆在并线进入相邻车道前都不会影响其他直行车辆的正常行驶，如果没“加塞”而采取提前并线准备，那么最左侧高速车道的车辆就不会受到影响，从而就能保证道路的理

图 9-4　不同车道上的车辆按不同限速规定行驶

论通行流量。

但是问题又来了，即使大家都文明驾车，当右侧慢速车道排队驶离的车辆数很大时，可能会出现排队距离非常长而造成上游路口被排队车辆封堵的情况。这个情况牵引出一个问题，即城市道路网是一个整体，在某个时段能接纳多少车流量才能保障所有道路都发挥出最佳通行流量，换句话说就是如何知晓和计算整个路网各个路段的“木桶短板”。从统筹规划监控的角度计算了解，在什么时间段的哪条路段的车辆数量应该是多少才是整个路网的最佳流通效果呢？机械工业思维的传统模式是无法解决这个问题的，因为信息技术手段不能实现预知和计算各个路段最佳通行可容纳车辆数的情况。何况，我们今天的道路使用模式制度，实际上还基于马车马路时代的使用制度模式，即任何车辆可以在任何时间驶入车道，并以大家约定的方式甚至是自己的行为方式操控车速行驶。很少能实现图 9-4 中示意的各个车道中的车辆按照该车道的车速规定范围行驶，从根本上说这是由于机械工业的传统人工驾驶模式和信息技术手段欠缺而无法解决的弊病。

此外，这里还应澄清一个概念，前面说到的城市道路最佳通行可容纳车辆数，与城市可容纳汽车的数量是不同的概念。遗憾的是，社会和城市管理者以及汽车产业都没有弄清楚这两个概念之间的差异，或甚至根本没有意识到，或即使意识到了却因传统模式思维和技术条件限制，导致除了限购限行而鲜有采取更有效的措施。以自由市场经济意识形态对此相关概念的理解，城市车辆的数量就是人们出行需求的数量，所以这也是西方发达国家直到今天仍无法解决城市道路交通拥堵问题的关键原因之一。因为，传统模式对信息数据的认知远没有无线通信技术、大数据计算和信息网联技术综合应用那么深刻，更没有获取提前预知的技术手段。

（二）传统的车辆使用模式问题

现实生活中，我们都知道同车道行驶的机动车，后车应当与前车保持足以采取紧急制动措施的安全距离，并且车速越快，所需的安全距离越大，这是因为后车对前车行驶状况不能预知。因而车速慢时尽管车流密集，但通行量小；车速快时，车辆间距又不得不相应加大，从而浪费了道路使用面积。同时，仅依靠视觉感知前方刹车红灯是否亮起是不可能对前车或相邻车辆行驶状况做出预知的。随着汽车质量与路面质量都越来越好，车速也越来越快。生理上，从眼睛发现到头脑做出正确决策、手脚及时反应，效率极低，所以才会有那么多的追尾和剐蹭事故。其根源是人工驾驶的视觉感知模式缺乏信息预知能力。此外，车辆的使用是与道路的使用直接相关的，而道路的使用又是与社会公共出行直接相关的，私家车在使用道路时，不仅涉及自己的权益，还影响公众的权益。前面说过人们出行需求“快捷、方便、安全、经济、舒适”中对时间要求是非常核心和比较靠前的要素。所以如果不考虑经济要素，人们就会有比较性的选择，比如长途出行中如果有高铁、飞机与汽车多种出行方式，通常人们在比较后一定是选择较快的方式。当然，也有休闲旅游而选择自驾出行的情况。排除节假日，其他时间的道路出行，道路资源应当是以大多数人的社会公共出行利益需求为主，即便休闲的车辆与赶时间的车辆共同上路行驶，也是占用了道路资源而引发车流量增多造成的拥堵，影响了多数人使用道路的时间利益。当然这也是车辆与道路使用的制度问题，是传统模式没有意识或没有信息数据技术手段来协调解决出行时间的问题。

三、信息欠缺时代传统模式的弊病

如今交通管理部门一直在发展道路智能交通系统 ITS，它是依据各个路段 CCTV 摄像、红外雷达监测、线圈感应等检测仪器组成的采集系统，实时将这些监测到的该路段车辆经过信息上传给信息计算分析系统，然后将决策的路况信息通过发布系统传播出去。图 9-5 为交通管理部门路况发布平台。

如今车辆驾驶人上路前都希望预知自己前方各路线信息。于是车载导航或手机导航软件会在驾驶人输入出发地和目的地信息后推荐优化路线（图 9-6）。但这个信息实际上是当前信息，并不是车辆从现在的出发地位置

图 9-5　交通管理部门路况发布平台

图 9-6　手机地图导航

花费一段时间后到达该处路段的实时情况信息。逻辑上，如果多数驾驶人都相信并采纳推荐的最佳行车路线，进而蜂拥至这些路段时，势必会造成这些路段的拥堵。即使现在的高德或百度导航会在抵达前发出警告“前方路段大约有

××米距离拥堵，预计通过时间大约需要××分钟”，但为时已晚，车辆不能倒退，只能继续前进加入拥堵之中。所以今天道路拥堵、停车难等问题，多数驾驶人既是受害者又是参与者。

上述三点都揭示了即使对城市道路规划做了优化、大量路口设置了监控探测装置，并且依据各条道路和路口视频信息归纳出智能交通系统ITS，但传统模式因为信息数据技术欠缺和制度落后而使得某时段、某处或某些路段车辆数骤多、密集，造成了道路拥堵，更因为没有城市道路整体的宏观信息数据预知而无法统筹协调来避免或疏解拥堵。那么，什么是避免拥堵的必要信息呢？我认为上述三点揭示了没有提前预知驾驶人出发地、时间、目的地信息，ITS和导航（甚至即使有了智慧城市中心）仍缺乏信息预知能力，所以驾驶人的出发地、出发时间、目的地和线路选择这些提前信息是必要信息。

解决城市道路拥堵的原理其实很简单。举例来说，人群集中的影剧院和体育场馆的出入口是有限的，散场时大量的人群若同时都拥挤在出口处，结果是大家都很难离开。所以，必须排队形成先后次序，才能顺利通过出口离开。而排队形成先后次序是与每个人的通过顺序时间相关的。这个时间顺序的关联概念非常关键和重要。找出了问题根源，该如何充分利用相关信息和发挥信息价值来解决拥堵，后面将会有进一步论述。

四、共享出行取代私家车

在很多人的意识中，现阶段中国城市的复杂交通体系是三大出行模式构成了中国消费者的出行体系：

（1）公共出行：如地铁、轻轨、公交车等；

（2）私人出行：如步行、自行车/助力车、私家车等；

（3）共享出行：如顺风车（搭便车、拼车）、网约车、分时租赁、汽车租赁、共享单车等。

我认为以投放新增数量而非充分利用存量实现分时租赁“共享”，不仅不能解决已有的城市因用车保有量巨大引起的道路拥堵、停车泊位紧张和相应的城市管理与环境污染等难题，还增添了与车辆巨大保有量、道路和停车泊位等因素争夺资源的窘境。同时，由于客观上只要分时租赁经营模式仍然是以“泊位站点”式的重资产运营，在城市停车泊位资源紧缺和私家车保有量巨大的双重压力下，就难以开展规模化经营，也难以与传统驾车体验形成竞争优势。因此该模式并未给用户带来乘车出行“点到点的方便”体验，而运营商经营也就更艰难了。

如果追究“共享出行”概念定义，恐怕要比上述定义宽泛得多。

（一）共享出行的概念

“共享出行”是网络流行词，根据百度百科的定义，它是指人们无须拥有车辆所有权，以共享和合乘方式与他人共享车辆，按照自己的出行要求付出相应的使用费的一种新兴交通方式。

按照这个定义，不仅共享单车和分时租赁机动车，而且出租车、网约车、公交出行的公共汽车、地铁及城市轨道交通其实都应该纳入共享出行的范围之内，或者甚至可以说除私家车之外的供公众出行的移动车辆都是共享出行。

（二）为什么共享汽车出行能缓解拥堵问题

我们已经在前面分析论述了在传统交通模式下由于人们经济收入和生活水平的提高，私家车出行模式导致城市用车保有量同比增长并数量巨大，城市集约化的工作及生活规律产生了某时段内交通“潮汐”高峰的现象，这是造成城市道路交通拥堵的根本原因。同时，我们也应看到巨大的在用车保有量，其实际使用效率却是很低的。国家发改委城市中心交通规划院院长张国华认为，大量小汽车进入家庭后，我们有了高拥有度，但使用频率非常低，平均一天只使用两个小时。还有停车难的问题，尤其北京、上海的合法车位不超过 50%，二三线城市比一线城市问题还要严重。同时，机动车增长量远远超过城市基础交通设施的增长量。

一方面数量庞大和使用效率低的私家车是造成拥堵的重要原因，另一方面我国的发展策略是城镇化，这会使得城市高质量出行需求对私家车保有量产生持续不断的压力。所以，摆在我们面前的只能是化解低效使用的私家车数量，提高车辆使用效率，那么只有共享汽车出行这一条路了。

但是，无论理论还是现实都证明，延续传统模式发展共享汽车出行是行不通的。什么样的条件才能将共享汽车的优势发挥出来，使之能够开展起来呢？

传统模式是大多数人都希望拥有自己的汽车。理论上，城市中智能网联、无人驾驶、公交、共享汽车达到规模化和经济用车成本状况后，将会使得个人购车使用成本和使用体验更加难以与共享出行方式相匹敌。一旦达到了规模化阶段，就能对私家车板块有所撬动，产生极大的杠杆效应，在其影响力的冲击下就能有助于减少个人购车意愿，缓解城市私家车保有量巨大对城市道路拥堵及停车资源的占用。以北京为例，根据北京市交通委发布的消息，2019 年全年机动车保有量将控制在 620 万辆左右。假如现有的 620 万辆在用车中的乘用车都是类似运营的出租车随叫随到，而且都能如同私家车般的上下车位置方便，即使不考虑拥堵问题，我们真需要这么多车吗？答案肯定是不需要。那么究竟需要多少辆才合适呢，四百万辆、三百万辆还是二百万辆？为了保证北京市内各条道路和区域乃至城市整体的交通畅通，在某个单位时间内道路上能够容纳的汽车数量应该是可以算出来的，而这个数量的意义就是将所有汽车允许上路的先后时间顺序进行排序，以保证道路的最佳通行状态。也许我们这里可以勾画出单位时间内能够容纳汽车行驶的数量的计算概念，再由数学家们列出正确的计算公式。这种实际数量的变化，从积极意义上是否会提高在用车的使用效率，减少城市停车泊位的占地面积，抑或是因为减少停车占地而改善道路交通条件了呢？一旦只需二三百万辆地面车辆在智能网联体系中高效运行就能满足北京交通乘车出行的实际需要，当然就不会再出现前面所分析论述的因为在用车保有量巨大而产生道路拥堵和停车难的问题了。城市道路交通顺畅了会给人们的生活和工作品质带来提升。但是，问题其实尚未说清楚。620 万辆地面在用车才能勉强满足北京人口的出行需求（当然还应考虑加上轨道交通和自行车），那么二三百万辆地面车辆如何能支撑起同样人口数量的出行需求？

（三）取代私家车拥有的主观与客观条件

消除私家车拥有的出行模式是解决城市道路交通拥堵的一个方向。但仅靠政府限购和限行的办法，不仅违背社会经济发展规律，也不能满足人民群众日益增长的美好生活需要和解决城市发展不平衡带来的矛盾。此外，技术能力对实际应用效果是有直接关系的。中国目前大力发展的新能源电动汽车，其电池充电需要充电桩且充电时间较长，这会使得本就停车泊位紧张、停车难、微循环不畅的情况愈发加剧，进而造成更严重的拥堵问题。而背后的原因，又一次显露出是私家车拥有模式的负面作用，因为即使使用效率低下，新能源的私家车必须要有长期固定的停车位，且与住家距离近，其充电问题才能得到解决。

因此，只有智能网联体系显示出实实在在的优势，私家车主们通过比较后才会选择用共享出行取代私家车出行的模式。我认为使用共享汽车出行替代私家车出行至少可以提高车辆使用率，缓解因为拥堵造成出行不便的情况，也可以缓解购车需求巨大与城市停车泊位紧张之间的矛盾。当然，其服务运行质量至少要达到“点到点的方便”效果。

但是，如何才能让共享汽车出行模式发挥出应有的优势，满足人们对出行服务质量达到“点到点的方便”要求，尤其是实现“快捷和方便”的要求呢？智能网联共享出行信息服务体系的建立，是其根本条件和必要条件，因为只有智能网联共享出行信息服务体系才能克服传统模式信息欠缺的瓶颈，保障共享汽车运营实施精准有效服务，进而减少巨大的在用车保有量，缓解和消除城市交通拥堵。

在信息智能网联时代，上述供需双方信息沟通缺失的难题将会得以解决。建立智能网联出行信息体系，让有乘车出行需求的用户可以通过手机 App 发送出行需求信息。智慧城市的专业出行服务信息平台的计算中心，在获取并汇集各个出行者的出发地、出发时间和目的地等综合出行需求信息后，可与城市交通智能网联车服务平台的信息网络体系计算中心对接。智能网联车服务平台就能预先了解特定时间段内潜在乘客的数量、希望的上下车时间和地点位置等信息，通过与智能道路信息平台网络计算管理中心统筹协调后，出行服务信息平台即能向各乘车出行申请乘客发出反馈信息，提供乘车“点到点的方便”出行服务。所以，公交服务应该不受固定线路、发车频次和车型大小的限制，充分发挥出信息网联技术带来的能让供需双方都“知己知彼”的优势，公交服务方就可以通过智慧城市中心统筹计算规划。比如在某一时段内只要某区域内有一定数量出行需求，就可以在恰当时间派出适当车型依照优化线路接送搭车乘客，从而提供高质量、少浪费的精准出行服务。而出行需求者则可以通过手机信息反馈得知自己的乘车出行方案，包括何时可以在自己的出发地搭乘公交车、途中换乘地点和车辆以及可能的换乘等候时间等信息。如果有一天道路交通出行的人们发现共享汽车可以方便地随叫随到、路上不再因路线不熟悉而绕道，且能到达目的地后付完费下车就走而无须花时间泊位停车、生活中无须为了方便出行而投入大量的时间和金钱在买车、维修保养、定期检验、路上出现意外车辆事故的保险理赔等事上时，私人拥有汽车对人们来说就不太重要了。这时人们出行对私家车拥有模式的心态将会开始向共享汽车出行模式倾斜。智能网联无人驾驶公交车作为共享汽车出行服务的载体，能带来更高效的出行体验，充分满足人们乘车出行的要求。

当然，不得不说上述场景只是理论上的设想，因为实际上从开始阶段的智能网联公交共享汽车运行是与私家车处在同一起跑线上的，仍然都是被堵在路上，最核心的优势还是难以表现出来。此种情况下，即使单独的每辆汽车都智能化了，都能达到自动驾驶的 L5 最高等级标准，又能比普通驾驶人的大脑智能多少呢？只要无人驾驶汽车仍是以私家车出行的模式在运作，城市在用车的巨大保有量就不会有所改变，前面论述的城市道路交通拥堵根源就一直存在。今天的问题，明天依然存在。所以，所谓的智能不应该仅仅是汽车的单车智能化，而是必须紧紧围绕充分利用和发挥出信息网联技术，尤其是在无线通信方面的信息网联智慧应用优势，借助无线通信、传感探测技术进行车与路的信息获取，通过车车、车路信息交互和共享，实现车辆与基础设施之间的智能协同与配合，达到优化利用系统资源、提高道路交通安全、缓解拥堵的目的。这就必须依靠整体化的智能网联信息体系及其配套适应的制度应用，包括智能道路、车路协同及智能网联无人驾驶车辆的使用等方面。

我认为共享汽车的意义应该是在用较少的资源却能高效应用基础上，减少城市的在用车巨大保有量，满足人们乘车出行“点到点的方便”。政府已经在公共交通领域投入大量的资金并计划还将投入更多的资金建设庞大的公交体系。若从满足人们出行“点到点的方便”需求角度，在最适合做共享汽车的智能网联无人驾驶汽车投入并普及应用前，政府更应加强对这些日新月异的科技创新领域的提前学习认识、充分论证和正确引导，以减少未来的行业模式和企业应对准备的不确定性。共享出行的出现肯定需要参与者之间的相互协调，以及相应的体制变革和复杂交通政策的大量修改。当前，政府相关部门诸如交通、交警、工信、城市、商业和金融管理部门首先需要站在智慧城市的宏观角度，而非传统单一政府行政职能部门的角度去考虑以下战略问题：我们是否对传统模式向信息智慧应用模式转型有足够正确的认识？政府体制应如何转变以适应智慧城市？政府该以何种姿态迎接未来的出行新模式？谁来协调它？有哪些可能的交付模式？是全国范围还是城市范围更适合？信息网络范围的运输政策和体制应如何变革发展才能引导商业和公共机构有效合作，实现流动的现代化？

大家都知道，只有懂得并遵守游戏规则才能使游戏玩得起来。但其实这还不够，往往大型游戏其规则的遵守是必须有裁判监督管控的。顺风车被政府叫停存在着多种不协调的因素，在法制观念尚未得到全面有效落实和信用体制与环境都不健全的大环境下，“裁判”的有效监督管控措施若不到位，“游戏规则”自然就难以被自觉遵守，游戏就无法继续了。没有客观交通环境，诸如没有效率优先与资源优化的外部条件，共享汽车动摇私家车出行的理念是难以开展和生存的。

在正确认知的基础上，政府应该更积极地参与到共享出行领域的发展中来，通过策划、宣传、引导和协调诸如信息、资金、产品和服务各相关方，以市场化运作放大政府投资杠杆效应，打造现代、文明、整洁和宜居的城市。

（四）共享汽车生存问题

共享出行车辆只有在智能网联共享出行体系信息条件下由专业出行服务团队经营才能生存。

工欲善其事，必先利其器。

为什么现在的共享汽车经营困难，追根寻源是城市道路交通的大问题，是“点与面”的矛盾关系问题。这个“面”的问题，传统模式缺乏必须的和足够的信息数据技术手段，所以长期以来不能想到问题的根源，或认识到了也难有作为，根本无法解决甚至问题愈演愈烈。“面”的问题不能解决，“点”上再好也于事无补。

同济大学马万经教授在其分享的“网联环境下的智能交通管控”主题演讲中提出了现有的交通管控存在“测不准”“算不准”和“评不准”三个难题，就是因为在没有适当的提前预知信息数据技术支持下，难以有效管控出行车辆的有序出行。解决方案要遵循的原则是应当充分认识和发挥利用信息数据网联技术，改革而不是改良传统出行制度模式，从人们出行需求的信息数据源头开始，在道路智能网联化监管过程中通过智慧城市智能交通中心的统筹协调，才能将共享出行模式的先进性体现出来，使得城市交通大环境得到显著改进。

即使有理论上可缓解拥堵的共享出行方式，但仍需要智能网联共享出行信息体系与适当的共享出行车辆协调运行。

智能网联共享出行信息体系的组织架构应包含以下内容，如图 9-7 所示。

其一，社会出行信息数据服务平台。该平台负责向人们收集出行需求，通过优化后将出行方案反馈给出行者，以提供优质的出行服务。平台的大数据中心接收并汇集人们通过诸如手机 App 或其他类似移动通信终端提出的出行需求申请信息，并按照申请的出行时间、出发地和目的地区域位置、附近可供出行服务车辆、是否接受拼车，以及大型公交车和地铁轨道交通线路、站点和

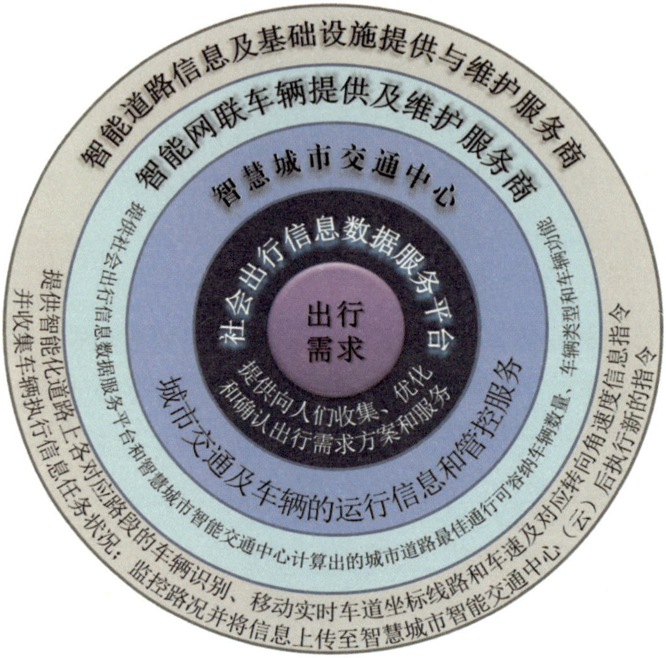

图 9-7　智慧城市智能交通网联共享出行信息体系组织架构

时间等分类数据编制针对各出行者申请信息的若干出行方案，诸如何时可提供车辆搭乘、是否乘坐地面车辆直达或何地何时换乘公交或地铁轨道交通更为快捷，以及相关线路的路途花费时间和价格，从而供出行者选择。同时将地面车辆出行需求信息上传，与智慧城市交通中心进行信息交互沟通，获取各个出行服务车辆信息后反馈给各个出行者，完成与出行者的最终出行信息确认并上传智慧城市交通中心，以确定各地面出行车辆的行驶线路和时间。该平台亦负责出行服务的金融结算。用户与平台在出行服务结束后将进行互相评价，为用户及运输服务供应商建立信用评价体系。对于信用较差的出行者，在以后的出行时间顺序编排时，就不会得到优先了。

其二，智慧城市交通中心。作为智慧城市交通的大脑，负责城市交通及车辆的运行信息和管控服务。与各区域智能道路网联的信息云中心协调沟通，将各区域道路与车辆行驶状况数据、社会出行信息数据服务平台传输过来的未来时间内出行车辆，即将上路行驶需求信息数据进行实时统筹计算和规划，按照城市整体、区域和各道路维持最佳通行状态的可容纳车辆数量，编排出各个智能网联车辆的行驶线路、车速和各路口的通过顺序，以保证城市整体和各区域道路的最佳通行状态。

其三，各区域智能交通网联信息计算云。它的职责是在管好自己区域智能道路外还要负责信息的上传与下达，与下辖各智能道路的路侧智能传感器阵列相连，提供各智能道路路端信息和路况实时监控，保证该云区各道路行驶畅通。同时，它又与智慧城市交通中心进行实时信息交互，以保证城市交通宏观整体上的统筹协调。

其四，智能网联车辆提供及维护服务商。该服务商主要负责提供和维护由社会出行信息数据服务平台和智慧城市交通中心计算出的以保障城市道路最佳通行状态下可容纳的车辆数、车辆类型和车辆功能。

其五，智能道路信息及基础设施提供与维护服务商。作为智慧城市交通道路智能化网络神经，负责与智慧城市交通中心（云）信息交互，并按照其下传指令提供智能化道路上各对应路段的车辆 VIN 码识别，提供各车辆移动行驶实时车道坐标线路和车速及对应转向角速度信息指令并收集车辆执行信息任务状况，提供实时监控路边物体出现、进入、停留或移动以及离开道路实时位置坐标定位，并将信息上传至智慧城市交通中心（云）后执行新的指令。

五、未来的出行业态

智能化交通控制一定是要从体系化角度整体考虑，而绝非某一两种自动驾驶汽车或部件就可以使得整个体系智能化了。只有在信息数据充分掌握和有效利用的基础上，时间维度上的智能化整体协调才有可能展开。

信息网联技术普及应用正渗透进入传统模式。

随着无线通信信息智能化技术的发展和拓展应用，共享交通、智能技术、电子支付等新技术的发展为城市一站式出行服务提供了可能。2014 年，欧洲

ITS（Intelligent Transport Systems，智能交通系统）大会上，MaaS（Mobility as a Service，出行即服务）概念首次被明确提出，并于2015年世界ITS大会上成立了欧洲MaaS联盟。该联盟主要成员包括交通服务提供商、公共交通运行者、MaaS运营者、集成商、IT系统提供商、用户、政府。2015年12月，MaaS Global（MaaS全球公司）正式注册。

随着交通拥堵的加剧，考虑到成本和时间等因素，私家车的点对点出行变得不再令人满意。而MaaS是可以扭转这个趋势的解决方案之一。作为一种出行服务的交付模式，MaaS基于当下的社交和科技趋势，提供无缝和个性化的出行选择与体验。最终，它将能够预测需求并为消费者提供最适宜的服务，同时帮助服务商更好地规划业务。变革的时机已经到来：共享服务已经颠覆了出行市场，改变了消费者对出行的预期，并为服务运营商提供了新的机遇和市场。智能手机的快速发展，日常互联设备和实时物联网的兴起，共享经济的出现以及大量的数据使这成为可能。公司和政府部门可以利用这些工具和趋势建立消费者出行服务的模式。

MaaS将各种交通方式的出行服务进行整合，让出行者在MaaS系统下出行可获得最直接的服务，而不再需要购买交通工具，只需要依据出行需求购买由不同运营商提供的出行服务。MaaS代表了一种转变：从个人拥有出行工具到将出行作为一种服务来进行消费。MaaS的关键宗旨是基于用户的出行需求提供相应的方案。随着拼车服务的兴起，电动车的出现和自动驾驶功能的最终实现，我们使用交通工具的方式和出行服务的模式也在逐渐演变。交通及出行服务正在变成一个复杂的网络，这个网络将交通服务和基础设施与移动科技和大数据结合在一起。因此，与公共和私人交通相关的规划和决策过程要更加灵活和考虑周全。

中国的“滴滴出行”与欧洲的Maas是相同的模式。

共享出行与“滴滴出行”及“Maas”有异曲同工之妙，但其经营模式仍是在现有城市交通条件和环境之下被动式的“有什么就用什么”，还没有在以智慧城市对城市交通的需求与体系配套上，从时间、地点、出行和货运等涉及需要出行及运输的整体上主动掌控。如果像中国大城市的高峰潮那样出行人数及车辆众多，导致交通严重拥堵，地面道路交通时间难以准确控制，那么人们所需车辆在时间、地点、人数等配套时就可能“顾此失彼”，造成多种出行方式经比较后还是私家车胜出的局面，于是城市在用车保有量的数量巨大这一问题上仍然难有改观。

其实，仔细想想“出行即服务”这个理念的实际意义，是否可以理解为运用信息技术，将所有涉及提供出行需求有关的服务进行整合优化，不仅为出行者提供了最佳出行方案，也是对每一个出行从源头开始经由过程到结束，有了出行信息预知就能从整体上对城市交通出行各个需求进行协调和提供优化配套服务，实现传统交通模式因为信息欠缺、供需双方信息不对称和不能宏观统筹协调而无法达到的效果。

如果假设条件都是一个小时，场景一是在拥堵的道路上慢慢移动中耗费掉；场景二则是通过出行即服务平台与智慧城市的智能交通计算中心协同控制，让大家安排出门的时间有前后顺序，路上花 20 分钟就可以抵达目的地，而剩余的 40 分钟时间可以在家或出门前的任何地方做其他事情。对于这两种场景，大家不难做出选择吧？

智能网联汽车有助于共享出行的经营。

前面已经对城市交通问题的产生根源进行了分析，主要是因为私家车出行模式下的数量巨大、城市集约化工作与生活规律的出行时间需求，以及单独个体自由随意性的人工驾驶，使得城市交通信息难以统筹协调。

在地面道路交通方面什么样的车型才能适合共享出行呢？

研究结论是智能网联汽车，而并非以人工驾驶独立行为能力为标准的、用电脑替代人脑的无人驾驶汽车。

智能网联汽车。这是搭载先进的车载传感器、控制器、执行器等装置，融合现代通信与网络技术，实现 V2X-5G（即车与人、车、路、云端等车对外界的无线通信信息交互）智能信息交换、共享，在智慧城市的智能交通网联信息计算中心及智能道路的路侧智能传感器阵列体系具备复杂环境感知、智能决策、协同控制等功能支持下，以人、车、路和智能交通信息网络一体化，通过整体统筹线路规划和协调，真正实现智能互联、自动驾驶、共享出行和电力驱动，从根本上避免道路拥堵和事故发生，达到安全、迅捷、便利和经济的乘车出行目的，并最终可实现替代人来操作的新一代汽车。

智能网联汽车并非需要极为发达的如同人类大脑的独立思维能力，而是依靠车际间信息交互、智能道路交通基础设施的“团队合作”，其行程线路可以在其出发前就已经在网络计算中心得到统筹计算规划。行程中其技术关键信息是实时移动方向及周围物体情况探测、实时感知地理位置坐标、行驶车道坐标线、直线行驶速度以及转向角度。车辆的 V2X-5G 装置或远距离射频识别信号不断与沿途路侧智能传感器网络基站天线交流，每一个传感器网络基站天线发出的信息中包含该基站地理位置坐标，使得移动中的车辆除自身车载卫星定位之外，还有地标定位的双重位置坐标精确性校核修正。车辆自身在移动中不断发出例如“我是谁”的 VIN 信息，并从路侧智能传感器网络基站天线获悉感知实时地理位置坐标、行驶车道坐标线、直线行驶速度、是否加速或减速、方向及预转向的偏向角多少的状态信息，同时亦将感知到的各种情况如前方及周围天气情况、路面情况、道路变化等信息通过信息网络传感器天线上传到云端，显示车辆位置信息并连续不断地获取和执行新的直行或转向、速度等位置移动信息指令。另外，车辆的车载电脑仅需实时通过车载传感器，例如毫米波雷达，对行进前方及周边物体的间距信息做监控判断，一旦判断在对应速度的行进方向上可能会与前方物体造成触碰，即刻优先执行制动和 / 或转向指令，之后再继续执行位移指令。这样车载电脑的计算工作量就减轻了许多，使得智能网联汽车实际上在覆盖城市道路交通信息网络系统中成为众多末端细胞之一。当然，部分信息可以通过专用短程通信技术（DSRC）等先进技术不经过云端而快速分享给周边车辆、行人等交通参与者。云端则是对众多车辆和路侧信息网络传感器上传的大数据做进一步的计算分析后再将统筹协调后的指令信息下发给通过和即将到达该区域的车辆。这样智能网联汽车在整个体系中，不仅接收网络传输的各项移动指示，使得车辆在众多行进至该路段的车辆中，一方面是按照信息网络统筹调度的“规矩分子”，同时亦通过周围不同位置和角度的各车辆及道路旁或上方的传感器，使得该车与周围车辆彼此间都相互了解当前和下一步的移动意向；另一方面，该车也作为道路情况探测“侦察兵”，提供精确实时交通状况信息，使得云端能够清楚掌握由各车辆的到来、通过和离去时间等精确信息构成的全方位立体信息网络。智能网联汽车在这样的环境中就能够提前预知，从而提前采取预防措施，避免了追尾、触碰剐蹭等事故的发生，无人驾驶汽车的行驶安全性和行驶效率将会比有人驾驶的汽车更高，既保障了各车辆的行驶安全又保障了路途畅通。与目前的人工驾驶或纯“个人独立行为能力”模式的自动驾驶汽车相比，“团队力量”不仅解决了“个人独立行为能力”模式的自动驾驶汽车在技术、法规和道德伦理等方面的难题，更重要的是解决了城市道路交通拥堵问题。未来即使智能机器人的计算思维能力达到了人脑水平，人、车、路网的道路交通也仍必须紧密依靠智能交通信息网络系统一体化（图 9-8）。

以目前的技术水平，智能机器人要能达到正常成人的大脑对复杂环境的应对思维能力的无人自动驾驶水平 L4 等级仍有相当长的路要走。无线网络传输技术的飞速发展，尤其是 5G 移动通信技术网络，其更高的速率和可靠性、更短的时延对智能网联汽车的应用至关重要。智能交通信息网络对智能网联汽车的行驶控制以及车际间的信息实时交互，在 5G 时代将会更加容易实现。在交通出行系统中，始终由这种信息网络监控和协调条件下的智能网联车辆在行驶，那么由自动驾驶汽车引发的伦理与法规问题都将伴随着体系的逐步完善而逐渐淡化直至最后规避。

当然在考虑国际化时，若进口自动驾驶汽车已具备了智能机器人的“个人独立行为能力”，尽管能够实现自动驾驶，但是在没有融合进中国智能信息

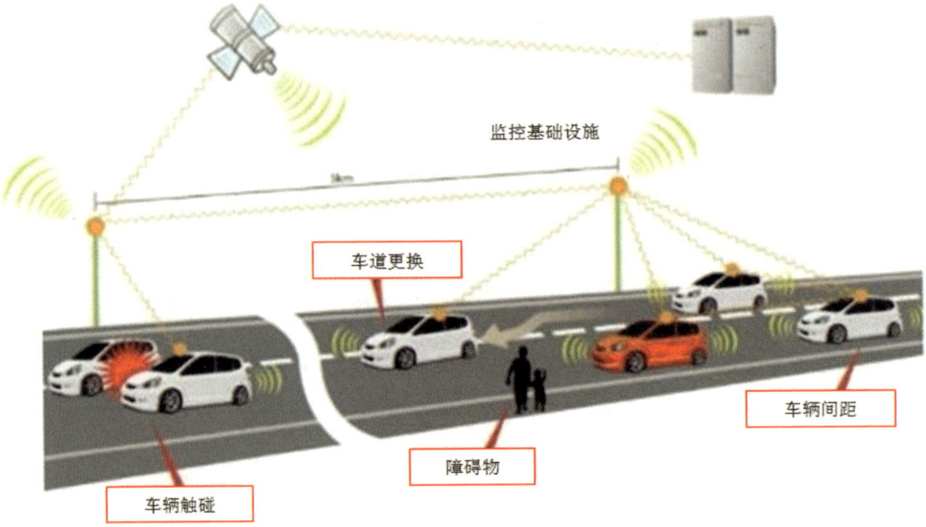

图 9-8　智能交通信息网络系统一体化

网络的“团队合作”前，仍面临着技术融合、伦理与法规等问题。

智能网联汽车的最大优势是“体系团队力量”，能够做到“独立行为能力”的自动驾驶汽车难以做到的在复杂路况条件下的正常行驶和“点到点的方便”出行服务：

（1）行人、自行车和驾驶人等道路出行参与者都必须掌握复杂的第一手经验与规则，从而在有序和无序之间寻找最佳平衡。

（2）“不可预见”这种极端情况不是 AI 能解决的，它是这个世界的默认设置。如果机器想掌控这个复杂的系统，就必须在设计和验证上克服艰巨的挑战。

（3）解决交通拥堵问题：预知出行车辆的出发和目的地位置、行驶路线、数量、车速、行车间距等关键道路交通管理信息，以及无停车泊位限制等。

（4）可依据人们出行需求统筹高效的协调运营：精准地提供往返车辆大小、发车间隔密度等。

上面所述智能网联汽车的这些能力，“独立行为能力”的自动驾驶汽车是没有的。当然，智能自动驾驶汽车可以网联，实现与周围车辆间的信息沟通。但毕竟缺少道路和交通信息网络整体的团队协作，视线距离就不能太大，行进中前方出现紧急情况时的反应距离就会不足，仍容易出现安全事故。那么，将智能自动驾驶汽车功能扩展至与道路和交通网络整体融合，以提高安全性，同时做到智能网联汽车所能做的一切。那么问题来了，既然是采用智能化自动无人驾驶汽车，但仍需要与智能道路的交通信息网络体系技术信息融合交流，原来花费很高成本和资源达到所谓“独立行为能力”的自动驾驶技术，不就显得多余浪费了吗？投入产出比的效率也会低下。

传统汽车产业正转型进入出行服务业。

出行产业的核心是为满足人们出行需求提供服务，即产业服务商必须能使服务出行人数、时间、地点和线路优化的综合服务达到最佳效果。若仅考虑单独因素，比如服务出行人数这一单独因素，公交车运力最大，但却不能满足时间和地点的需求；分时租赁与其他出行服务相比更是远距离综合效果最佳，而要想保持车辆良好状况减轻重资产压力，只有智能网联汽车才是出路。再比如线路优化是与耗费时间的长短和上下车地点是否方便有直接关系，而这绝非单独的汽车产业在汽车技术升级到完全自动驾驶就可以做到的。正如前面论述的，从人们的每一个出行需求开始，搭乘了出行者的车辆就如同血液中的一个携带着营养的血细胞在大脑的统筹协调指挥下在血管和神经脉络中流动，所有出行车辆的信息必须提前和实时汇集才能使智慧城市的智能交通计算中心能够预知，并以此做出正确有效的指挥决策。所以，信息技术甚至比车辆技术更重要，当然大数据企业在信息获取和利用方面更具优势。

此外，传统汽车产业运行模式是通过私家车市场来消化产品生产的。这种模式容易受外部主客观因素制约，如前面提到的即使人们对私家车的需求旺盛，但因城市道路通行可容纳车辆数量饱和而产生道路拥堵严重和停车泊位资源紧缺使得政府不得不采取限购、限行措施；私家车数量庞大，看似消化了大量的产能数量，但使用效率低而使得车辆生命周期往往很长。购车及使用成本高昂，也使得私家车主们难有频繁更换新车的能力。因此，从某种意义上来说，私家车模式对汽车产业实际上是一个长周期库存周转模式。而智能网联体系下的智能网联汽车，则因为使用效率高，磨损速度就会较快，车辆的生命周期就会比私家车短很多。在共享出行这种对车辆周转要求较高的情况下，汽车产业可以得到比较稳定的且周转较快的车辆投放数量，进而也促使新技术、新车型不断更新，以满足人们日常工作和生活的出行需求。这种良性循环的需求环境，对汽车产业而言应该是更受欢迎的。

新的道路使用规则模式。

尽管在道路上行驶或停放的车辆有交通安全法规管理制约，但至今为止，道路使用模式仍然是马车时代模式的延续，道路使用规则并未与信息数据应用技术同步与时俱进。一直以来的道路使用规则是车辆可以在任何时间离开停泊场地，使用任何自己觉得方便的车道按照有限范围内的自己的意愿速度行驶。如此，时间因素在道路上车流量大的时候就凸显出重要性了，一段时间内的车辆数多就造成了道路拥堵。现实中，航空运输的空中航线使用是有相当严格的提前计划的。航空器在起飞前，其出发地机场、航班编号、起飞时间、经哪条航路地标点飞行、飞行速度和高度、目的地等信息都是早已在起点、终点和航线各机场管控台站计划中提前预知了，从而有效保障空中众多航空器飞行的安全顺畅。而空中航路管制与协调是由航空空管部门依据空中交通管制体系实施的。按理说道路使用也应该有管控者协调，因为现在的城市道路使用，无论是车辆数还是车速都早已不是马车时代眼睛看到什么后大声喊叫就可以解决的了。因此这在管理和法理上是应该的也是必需的，即想要用一条受规则管控的道路，应该事先告诉管理者将在什么时间、什么地方进入，再从什么地方驶离该条道路，以及目的地等涉及使用该条道路的所有信息。这样该条道路的管理者才可以根据所有车辆即将使用道路的时间信息，统筹协调安排众多车辆的各自使用时间，如此既可避免拥堵，又可始终保持道路最佳畅通效果。一条道路如此，一个区域所有的道路同样如此，一个城市的道路也是如此。那么，至少今天我们特别严重的拥堵问题就会得到很明显的缓解。过去从未有像今天这般发达的信息技术沟通条件,因而过去这种时间顺序编排协调工作是无法实施的。今天，条件如此具备，不应该浪费和错失科技带给我们的机遇。当然，能提前预知各车辆的起始地、起始时间、数量及车辆各自编号信息，计算机就可以做出路径优化方案了。

今天，大家已经意识到智慧城市的智能交通重点之一是车路协同，但是在大力研发汽车智能无人驾驶的同时，与车辆协同的路端智能化却鲜有人重视并参与研究，更没有取得进展。车联网其实更应该强调的是“联网”，即通过强大的信息数据网联技术将过去传统模式的单独个体行为，改变为整体的网联信息数据智慧应用，如同人体神经系统在大脑统筹协调指挥下更有效地运行。否则，只是用电脑替代经过几千年文明进化的人脑，或许得不偿失。所谓“联网”的“网”，应是由路侧智能传感器阵列与道路交通智能计算中心的云网组成的神经系统，以及能够通过 I2V-5G 和 V2X-5G 与神经系统交互信息数据的智能网联车辆，当然还必须包括人们出行或货物运输通过互联网连接而形成有机整体体系的信息需求终端。也只有如此，才能形成信息数据宏观统筹和有效智慧应用，也才能彻底摆脱传统模式因单独个体的信息数据局限性造成的交通无序混乱的拥堵、停车难等交通难题。

智能网联车路协同研发是正确方向，如果走错了路径，就绕大弯子了。

后　记

一、要让智慧交通实现“闭环”，就要做好交通标志

应第三届交安行业发展高峰论坛组委会邀请，我发表了题为“基于智慧物联网路侧设施的车路协同”的演讲。

其中，涉及道路交通标志产业发展的最新观点如下：

其一，交通标志与标线、信号灯、交警指挥手势共同组成了交通信号，其中的标线不具备动态功能，信号灯只能进行时间上的动态变化，交警指挥手势只能满足应急情况下的调度，唯有交通标志具有较大的动态可变潜能去调配道路空间资源以满足交通流变化的需求，给出行车辆提供即时便利。

其二，每一座城市道路交叉口，都有至少三级具有调度功能的交通信号：第一级是指路标志，第二级是车道指示标志（含对应地面标线箭头），第三级是交通信号灯。前面两级是分配道路通行的空间，第三级是分配道路通行的时间。然而，由于现状交通标志的静态固化，道路通行的空间被长期固化。

其三，在出行大数据和高精地图的支持下，根据传统指路标志板面上到达目的地的空间距离，已经可以给出即时动态的时间距离，从而让出行者有更多的路径选择。

其四，方向、速度等禁令标志，车道、作业等指示标志，都可以根据实际的交通流变化与需求进行动态实时调整。

其五，在互联网时代，装载了物联网传感模块的交通标志等各类路侧设施都可以实现其信息内容与人、与车的通信，看似开放的道路，实则是电子信息下的封闭运行空间。

其六，让交通标志“接上电、发出光、连上网”的愿望已经实现，下一步就是要让交通标志更广泛地“动态化、智能化、数字化”。

作为法律赋予的交通信号地位，交通标志在现代道路交通运行环境中，其功能性急需强化。可以说，要就能让智慧交通实现“闭环”，就要做好交通标志。

二、车联网

车联网，说来就来了。

车联网究竟是什么？它需要什么样的创新才能推动成功？

我给出一个简单的公式：

智慧的路 + 聪明的车 + 共享的云 + 公有的链 = 车联网

在这个公式里，技术层面能解决的都不是难事，尤其是“聪明的车”，正在迫不及待地要上路行驶。

道路呢？我接触了太多的资本，几乎清一色对“智慧的路”毫无兴趣。那就只有依赖于传统的政府投资道路建设，在计划体制之下，创新技术也就不要指望能有多高的效率了。

没有智慧的路，聪明的车也就只能是网络世界的虚拟游戏罢了。

为什么呢？

让我们想一想无人操作的飞机、火箭，所谓的“无人”事实上也只是实现了在网络空间里“有人”遥感操控而已。不受任何人为操控的情况下，让无数的汽车在开放的道路上自我学习、自我思考、自我决策？那一定是比人类还高级的生物了。我想，那不可能。

如何让“智慧的路”变成现实？长期以来，“经营的、智慧的”道路，一直在我脑海萦绕。如果放开让资本市场投资并经营一条A城市到B城市的智慧公路，让智能汽车跑在上面，那就会非常快地推动创新应用。

只是，中国有着大量正在经营的利润丰厚的高速公路，相关部门却并没有动力去把高速公路改造成满足“聪明的车”奔跑的“智慧的路”。其中原因是他们一直在收取高速费用，没有必要自己打破自己，除非，有人去投资经营一条平行的、全新的让“聪明的车”安全畅快奔驰的高速公路，施加竞争压力。

会有人说，浙江正在建设符合“智慧的路”的超级高速。而我认为，浙江在建的超级高速并没有摆脱传统体制，与“聪明的车”所需要的可快速复制性、可持续性发展模式是背道而驰的。

快递颠覆了邮政，支付宝颠覆了银行，微信颠覆了短消息，当下正是大量的民营企业在铆足劲用新技术颠覆旧有体制的时代。改革开放与市场经济环境中，私人投资经营的利益追求和决策效率，决定了技术创新加速推动社会发展。车联网也不应例外。

我想，车联网发展模式应当是这样：在共享的云、公有的链等技术之上，聪明的车是消费者，智慧的路是商品。要到我的“智慧的路”上面行驶吗？请付费。

如果这个模式能成立，供应土地就是了。

三、智慧道路交通的十大猜想

近年来，随着国家政策上的制造强国、网络强国、交通强国建设，面向“服务于出行”的车路协同概念和技术在与时俱进。从信息化时代的智能交通升级到数字化时代的智慧交通，大势所趋，未来道路交通的智慧化会发生哪些变化？不妨让我们一起猜想。

猜想一，数据开放应用。互联网企业一度以拥有大数据为核心优势，高举高打进入城市道路交通市场，似乎数据比黄金还贵。物联网时代，遍布道路交通环境的智能传感终端，催生了无处不在、无时不在、唾手可得的数据，数据像水、土壤、沙子、空气一样地存在，其本身不具备价值，开放应用才能发挥其价值。

猜想二，城市级系统闭环。至今以来的智能交通建设仅仅是基于管理部门的信息化系统，而道路使用者的出行体验是比较糟糕的，由于期间非常多的智能化措施并不是科学合理的，交通事故、交通拥堵、交通污染三大顽疾依旧不断恶化。把道路交通运行中的多种数据在人、车、路、环境的多种载体之间互联互通，城市级、组网级系统闭环成为目标。

猜想三，十亿级项目普现。传统的道路交通工程，交安、机电、指挥系统的各个环节都是碎片化地分头、分期实施，项目金额体量普遍较小，上、下游存在鸿沟，资本不活跃。以数据融合为核心的智慧交通工程，产业生态是平的、圆的，自始至终需要不同的企业组建成为团队由一家牵头共进共赢，服务也是持续的。正因此，政府投资的体量会呈几何级提升，十亿量级的项目将会非常普遍。

猜想四，核心技术飞速发展。长期潜心于架构、芯片、系统、运算、传感、网联等技术在智慧道路交通应用的企业，迎上了车联网、区块链的风口，在智慧道路交通的闭环中必将具有不可或缺的优势，它们会受到资本与市场的推崇，成为技术的霸主。

猜想五，红绿灯视频消退。由于道路工程措施与交通出行规则不匹配，交通环境不能影响行为习惯养成，冲突过多与流量过大，红绿灯与视频成了特殊道路交通管理时期的手段与产物。智慧道路交通首要追求的就是科学、合理，而后才是智能、高效，这些都会对规则、行为、效率产生积极的影响。未来是否还需要那么多的红绿灯、摄像头？不得而知。

猜想六，全时空路径诱导。行车限速值会根据路网、交通流、事件、气象环境之间数据运算动态下发到限速标志与车辆中控系统；会实时提供驾驶人到达目的地所需时间和最优路径；交通路网如同水利河道网，警戒水位尺与闸门机制会应用在城市道路的运行负荷与车道分配。标志与车，密不可分。

猜想七，三大顽疾痊愈。道路交通的事故、拥堵、污染是人类社会长期面对的三大顽疾，交通事故更是如瘟疫般传染且有高致死率。尽管短期内理想的无人驾驶可能无法实现，但是人工辅助驾驶的智能网联汽车会大量运行。数据融合应用会快速实现车路协同，《中国制造 2025》智能网联汽车发展目标：道路交通事故减少 80% 与死亡人数减少 90%、普通公路交通效率提升 80%、油耗与排放均降低 20%，成为现实。

猜想八，智慧交通产城融合。道路交通环境品质决定着一座城市的活力与生态，城市发展交通先行的理念永不落伍，哪个城市抓住了智慧道路交通这个牛鼻子，成功培育发展了智慧道路交通产业链，城市的生态功能品质一定会可持续发展。

猜想九，交通数字生产力。由于道路交通数字形成的巨大科技生产力，原先道路交通事故、拥堵、污染形成的负面数万亿元 GDP，将会变成正面的数十万亿元 GDP，推动着社会向美、向好发展。

猜想十，共享出行优哉游哉。由于道路交通基础设施的智能化、数字化、网联化，精准定位、时空匹配不再遥不可及，服务于出行的道路设施、交通工具成为社会公共资源，人们只需要想着想去的地方就可以了。

每一个生命，

消亡于道路交通事故，

都足以惊天动地。

道路交通出行，

是与每一个社会人，

息息相关的大事。

内容提要

伴随通信技术的更新迭代，智能传感、物联网、人工智能、区块链等前沿科技必将促进道路交通领域的快速发展，“智慧的路”与“聪明的车”融合应用，服务于出行，给人巨大想象空间的车联网产业热潮前所未有。

本书给出了5G、车联网时代智慧道路交通的建设架构与路径，创新性地提出了人、车、路与环境四者的数据融合应用关系，介绍了发明成果“三级交通信号诱导系统”的拥堵治理措施，发表了产业新生态观点。

本书可供道路交通的规划、设计、建设、管理部门及研究者参考使用，也可作为高校交通工程、智能交通相关专业的工具书。

图书在版编目（CIP）数据

5G时代的智慧道路交通 / 荒岛等著 . -- 上海 : 同济大学出版社，2020.3

ISBN 978-7-5608-8962-7

Ⅰ . ① 5… Ⅱ . ①荒… Ⅲ . ①电子公路—研究 Ⅳ . ① U412.36

中国版本图书馆 CIP 数据核字（2020）第 020518 号

5G 时代的智慧道路交通

荒　岛　等著

责任编辑　陆克丽霞
责任校对　徐春莲
封面设计　潘向蓁

出版发行　同济大学出版社　www.tongjipress.com.cn
（地址：上海市四平路 1239 号　邮编：200092　电话：021-65985622）
经　　销　全国各地新华书店、网络书店
印　　刷　上海安枫印务有限公司
开　　本　787mm × 960mm　1/16
印　　张　8.5
字　　数　170 000
版　　次　2020 年 3 月第 1 版　　2020 年 3 月第 1 次印刷
书　　号　ISBN 978-7-5608-8962-7
定　　价　88.00 元